北京文化产业发展报告（2020）

——文创园区创新生态发展研究

北京文创园区创新发展研究团队　著

中国财经出版传媒集团

经济科学出版社

Economic Science Press

图书在版编目（CIP）数据

北京文化产业发展报告（2020）：文创园区创新生态
发展研究/北京文创园区创新发展研究团队著. —北京：
经济科学出版社，2020.9
ISBN 978 – 7 – 5218 – 1946 – 5

Ⅰ.①北…　Ⅱ.①北…　Ⅲ.①文化产业 – 产业发展 –
研究报告 – 北京 – 2020　Ⅳ.①G127.1

中国版本图书馆 CIP 数据核字（2020）第 191620 号

责任编辑：李　雪
责任校对：刘　昕
责任印制：邱　天

北京文化产业发展报告（2020）
——文创园区创新生态发展研究
BEIJING WENHUA CHANYE FAZHAN BAOGAO（2020）
——WENCHUANG YUANQU CHUANGXIN SHENGTAI FAZHAN YANJIU

北京文创园区创新发展研究团队　著

经济科学出版社出版、发行　新华书店经销
社址：北京市海淀区阜成路甲 28 号　邮编：100142
总编部电话：010 – 88191217　发行部电话：010 – 88191522
网址：www. esp. com. cn
电子邮箱：esp@ esp. com. cn
天猫网店：经济科学出版社旗舰店
网址：http：//jjkxcbs. tmall. com
北京中科印刷有限公司印装
710×1000　16 开　14 印张　220000 字
2020 年 10 月第 1 版　2020 年 10 月第 1 次印刷
ISBN 978 – 7 – 5218 – 1946 – 5　定价：56.00 元
（图书出现印装问题，本社负责调换。电话：010 – 88191510）
（版权所有　侵权必究　打击盗版　举报热线：010 – 88191661
QQ：2242791300　营销中心电话：010 – 88191537
电子邮箱：dbts@ esp. com. cn）

本书撰写委员会

PREFACE

前　言

　　根据联合国教科文组织的定义，文化产业是按照工业标准生产、再生产、储存以及分配的一系列文化产品和服务活动。2009 年，我国第一部文化产业专项规划——《文化产业振兴规划》经国务院审议通过并公开发布，标志着文化产业上升为国家战略型产业。通过发展重点文化产业、实施重大项目带动战略、培育骨干文化企业、加快文化产业园区和基地建设、扩大文化消费、建设现代文化市场体系、发展新兴文化业态和扩大对外文化贸易等措施，我国文化产业取得了快速发展，文化产业占国民经济的比重不断提高，人民群众多层次、多方面、多样化的文化需求得到满足。

　　文化创意产业园区是文化产业的重要载体，是一系列与文化关联的、产业规模集聚的特定地理区域，是以具有鲜明文化形象并对外界产生一定吸引力的集生产、交易、休闲、居住为一体的多功能园区。园区发挥其在产业集聚、创业孵化、资源共享、金融服务和人才协作等方面的独特优势，催生出一批有较强实力、竞争力、影响力和自主创新能力的文创企业和企业集团。2019 年底，全国 20 家国家级文化产业示范园区、试验园区以及 10 家创建园区聚集了中小文创企业约 6.5 万家，从业人员约 138 万。文创园区推动了我国文化产业向规模化、集聚化和专业化方向发展。

文化产业是北京的重要支柱性产业，发展文化产业对加快落实首都城市战略新定位，构建"高精尖"经济结构，建设国际一流的和谐宜居之都具有重要意义。作为全国文化中心，北京文化产业稳步发展，2018年产业增加值达到4 209亿元，在全国具有标杆效应。文化产业核心领域优势明显，新闻信息服务业收入占全国一半以上，影片产量占全国近一半，版权登记数量占全国四成，创意设计服务业收入和广告经营额占全国的四分之一以上；入选"全国文化企业30强"及提名企业、国家文化出口重点企业、国家文化科技融合示范基地、文化领域独角兽企业数量均居全国首位。

2014年，北京市人民政府颁布《北京市文化创意产业功能区建设发展规划（2014～2020年）》，创新性地提出规划建设文化创意产业功能区的战略构想。目前，北京市文创园区已初步形成了以CBD（中央商务区）为核心，国家文化产业创新试验区为主轴，以奥林匹克公园文化体育融合功能区、大山子时尚创意产业功能区、潘家园古玩艺术交易功能区等重点文化创意产业功能区和若干文化创意产业园为辐射带的布局。北京文创园区正在实现从量的攀升向质的跨越转变，产业积聚效应、生态效应与示范效应初步显现。

北京联合大学"北京文创园区创新发展研究团队"自2018年起聚焦北京市文创园区，开展相关研究与实践，对北京市国有文化资产管理中心、北京市文化创意产业促进中心、朝阳区文创实验区企业信用促进会等政府主管部门与行业机构，北京时尚控股集团、郎园、E9区创新工场等众多文创企业及园区进行了深入调研与交流。2019年，课题组通过互联网关键字搜索、企查查工商注册数据采集、专家识别法、GPS定位、数据库检索分析、实地调研、问卷调研等手段，对北京市文创园区及其注册企业数据进行了多维和深层次的挖掘分析。本报告正是在上述调研、访谈、大数据分析及问卷调查的基础上形成的。报告对文创产业及文创园区的概念、发展、研究状况、国家及北京市的相关政策进行了梳理，对北京市文化创意产业园区发展现状进行了研究，包括园区区域分布、园区细分产业、园区注册企业数量、园区企业注册资金规模、园区知识产权情况、园区上市公司情况等，并重点研究了首批 33 家北京市文化创意产业园区的发展情况；对北京市文创园区公共服务企业满意度、企业需求度以及各类服务的覆盖度等进行了调研分析，总结了北京市文创园区公共服务体系发展的特点及存在的问题。在上述研究基础上，本报告提出了促进文创园区创新生态发展的对策建议。

本报告总共分六章内容，其中第一章由梁瑞、王哲撰写，第二章由梁瑞、张富利、关锡铿、张彬彬撰写，第三章由陈建斌、周莹莹撰写，第四章由潘月杰、魏文雅、郭洁、牛文静撰写，第五章由崔玮、韩溢轩、姜丰撰写，第六章由张昕、周莹莹、张静静撰写，第七章由陈建斌、刘洁、张彬彬撰写。本研究报告得到了朝阳区科委协同创新项目"文创园区创新生态公共服务云平台"（2018 年）经费资助。原北京铜牛高科刘俊中总经理为本报告提供了很多技术支持。本报告也得到了北京市国有文化资产管理中心科技创新处黄峻雄处长，国家文化产业创新实验区管委会王勇刚副主任，朝阳区文创实验区企业信用促进会张磊副秘书长，京棉集团党委副书记樊晓伟，京工集团党委书记、董事长、总经理李耀东，京工时尚创新园杨娟总经理，永乐文智园黄玲海总经理，吉里国际艺术区宁柯总经理，E9区创新工场朱超英总经理，郎园 Vintage 品牌负责人宋秀平女士等领导和专家的指导，在此一并表示感谢。

由于水平有限，本书难免存在不足与疏漏之处，敬请读者批评指正。

CONTENTS

目　录

第一章　文化创意产业发展概述

第一节　文化创意产业基本概念

由于强大的文化、经济和社会溢出效应，文化创意产业一出现就受到多国政府和专家学者的密切关注。目前在全球使用最多的是文化产业、创意产业和文化创意产业这三个概念，而在中国普遍采用的是第三种说法，即文化创意产业。各个国家的发展程度及对文化创意产业的支持度不同，学者们和政府相关部门对文化创意产业的认识和界定也在进行不断的调整与深化。

一、文化产业

德国人瓦尔特·本雅明提出"文化产业"一词是在 20 世纪 30 年代。1941 年，德国法兰克福学派的阿多诺（Theodor Adorno）提出文化产业的概念，并对文化商业化持否定态度。

联合国教科文组织于 1993 年把文化产业定义为"以艺术创造表达形

式、遗产古迹为基础而引起的各种活动和产出"。国外比较典型的当属英国、美国和联合国教科文组织的定义和分类。而我国文化部在2003年曾制定下发《关于支持和促进文化产业发展的若干意见》，将文化产业划定为从事文化产品生产和提供文化服务的经营性行业。随后，国家统计局颁布了《文化及相关产业分类（2004）》，2018年又根据我国国民经济社会的新变化，再次修改增补了原标准，重新颁布了《文化及相关产业分类（2018）》，该分类规定的文化及相关产业是指为社会公众提供文化产品和文化相关产品的生产活动的集合。

二、创意产业

随着文化产业的不断发展，人们也慢慢发现一些看似极其普通的商品一旦加入文化的成分就会大大提升自身的原有价值。于是经济发展中创意的作用也逐渐被强调，这便产生了创意产业（creative industries）。

创意产业涉及的领域比较广泛，从传统到现代，包括出版、手工艺品，以及艺术表演、新媒体等。文化经济理论家凯夫斯在其著作《创意产业经济学：艺术的商业之道》中，从文化经济学的角度出发把创意产业定义为提供的是具有广义文化、艺术或仅具有娱乐价值的产品和服务的产业。"英国创意产业之父"霍金斯（2001）认为创意产业的产品均属于知识产权法的保护范围，并依照知识产权法保护形式划分为四大类，包括专利、版权、商标和设计。在联合国贸发会议《2008创意经济报告》中对"创意产业"的定义反映了当代世界关于创意产业的基本看法，即"创意产业"是一个从普通商品开始逐渐投入创意，最后创作出高附加值的产品与服务并进行产销的循环过程。

三、文化创意产业

"文化创意产业"这个概念早在1912年就由德国著名学者熊彼特提出，熊彼特认为现阶段创新已经取代劳动力和资本而成为推动经济发展的根本力量。继而熊彼特对创新的内涵进行解释，认为创新包含生产以及对科技知识的认知和利用。

在此基础上，英国在 1998 年的《创意产业专题报告》中对文化创意产业进行官方界定，将其概述为源于知识产权的开发和运用的财富增值产业，是一种包含文化元素，通过个体或团队的技术或创意，开发创造产品的新兴产业，基础是文化，核心是创造力，思想为动力，利用现代手段对文化资源进行深度的整合分析与改善，通过对知识产权合理的开发和运用，生产出附加值较高的新兴服务产业。联合国教科文组织则将文化创意产业定义为"来源于创意与文化积累，通过知识产权的形成与运用，具有创造财富与就业潜力，并促进整个生活环境提升的行业。"中国台湾地区首次使用"文化创意产业"概念是在 2002 年，当时不仅提出要制定很多相关的发展规划以及具体行动方案，台湾当局文化建设委员会还将"文化创意产业"界定为源自创意或文化积累，具有创造财富与就业机会潜力，并促进整体生活环境提升的行业。2006 年，中国首次在《国家"十一五"时期文化发展纲要》中正式提及文化创意产业的概念。目前对于文化创意产业虽没有统一的权威性定义，但概括起来大多集中在"创意"与"文化"两大特征上。比如：美国称为版权产业，日本称为内容产业，英国和韩国称为创意产业，在欧洲一些国家（比如芬兰和德国）称为"文化创意产业"。

本报告中对文化创意产业的界定则采用《北京市文化创意产业分类标准》中的相关概念：是指以创作、创造、创新为根本手段，以文化内容和创意成果为核心价值，以知识产权实现或消费为交易特征，为社会公众提供文化体验的具有内在联系的行业集群。

■ 四、文化创意产业分类

和概念界定一样，文化创意产业的分类也存在地区差异，并且具有鲜明的地区特色，如美国将版权产业分为 4 类：核心版权产业、交叉产业、部分版权产业、边缘支撑产业；英国将创意产业分为 13 类：广告、建筑、艺术及古董市场、艺术、设计、广播电视等；日本的文化创意产业以动漫、软件、游戏为主；丹麦政府选定了电影、音乐、新兴媒体的内容生产作为其文化产业发展的四个重点领域；在澳大利亚，政府从 20 世纪 90 年代后期明确提出将文化产业与创意产业结合起来，将艺术、歌剧、音乐剧、电影、电视制作、互动游戏经济及数字内容等视为文化创意产业的重要内容。

2018 年，我国国家统计局发布了《文化及相关产业分类（2018）》，对文化及相关产业进行了分类，将其分为新闻信息服务、内容创作生产、创意设计服务、文化传播渠道、文化投资运营、文化娱乐休闲服务、文化辅助生产和中介服务、文化装备生产、文化消费终端生产 9 大类，大类下又分有 43 个中类，中类下又分有 146 个小类，而文化创意产业主要包括广播影视、动漫、音像、传媒、视觉艺术、表演艺术、工艺与设计等。国内城市中如北京和上海对文化产业也有不同的定义及分类标准，如表 1 - 1 所示。

表 1 - 1　　部分国家、地区和国际组织对文化创意产业概念的定义及分类

国家、地区或国际组织	定义	分类
联合国教科文组织	文化产业指按照工业标准生产、再生产、储存以及分配的一系列文化产品和服务活动	包括文化旅游、广告、出版印刷、音乐、表演艺术、视觉艺术、社会文化活动、体育和游戏 9 大类别
英国	创意产业（creative industry）：指源于个人创造力、技能与才华的活动，这些活动有创造财富与就业的潜力，通过知识产权的开发从而生成并实现的产业[①]	包括出版、电视和广播、电影和录像、互动休闲软件、时尚设计、软件与计算机服务、设计、音乐、广告、建筑、表演艺术、艺术与古玩和工艺 13 类
美国	版权产业（copyright industry）：指以版权为基础的产业	分为广告、电视和电影、广播、建筑、出版、表演艺术、设计、音乐、视觉艺术 9 大类

续表

国家、地区或国际组织	定义	分类
韩国	文化内容产业包括各类经济活动，如创作、生产、制造、流通等，而其活动内容源自任何知识、咨询及文化相关的基础资源②	具体的行业种类包括影视、广播、音像、游戏、动画、卡通形象、演出、文物、美术、广告、出版印刷、创意性设计、传统工艺品、传统服装、传统食品、多媒体影像软件、网络以及与其相关的产业
中国	文化及相关产业是指为社会公众提供文化产品和文化相关产品的生产活动的集合③	分为新闻信息服务、内容创作生产、创意设计服务、文化传播渠道、文化投资运营、文化娱乐休闲服务、文化辅助生产和中介服务、文化装备生产、文化消费终端生产9大类
北京	以创作、创造、创新为根本手段，以文化内容和创意结果为核心价值，以知识产权实现和消费为交易特征，为社会公众提供文化体验的具有内在联系的行业集群④	分为文化艺术、新闻出版、广播、电视、电影、软件、网络及计算机服务、广告会展服务、艺术品交易、设计服务、旅游休闲娱乐服务以及其他辅助服务等种类
上海	以个人创造力为核心，文化为素材，以科技为支撑，以产品为载体，通过知识产权的开发和价值增值的交易产生巨大经济效益的产业⑤	分为媒体业、艺术业、工业设计业、建筑设计业、时尚设计业、网络信息业、软件与计算机服务业、咨询服务业、广告及会展服务业、休闲娱乐服务业、文化创意相关产业11类
中国香港	源自个人创意、技巧与才华，通过知识产权的开发与运用，具有创造财富与就业潜力的行业⑥	第一类是文化艺术类，包括艺术品、古董与手工艺品、音乐、表演艺术。第二类是电子媒体类，包括数码娱乐、电影与视像、软件与电子计算、电视与电台。第三类是设计类，包括广告、建筑、出版与印刷

续表

国家、地区或国际组织	定义	分类
中国台湾	源自创意或文化积累，通过智慧财产的形式与运用，具有创造财富与就业机会潜力，并促进整体生活提升的行业⑦	包括音乐及表演、艺术、工艺、设计产业、出版、电视与广播、电影、广告、数字休闲娱乐、设计品牌时尚产业等类别

资料来源：①1998《英国创意产业路径文件》；
②《文化产业振兴基本法》；
③《文化及相关产业分类（2018）》；
④《北京市文化创意产业分类标准》；
⑤《上海市文化创意产业发展"十二五"规划（修订版）》；
⑥《2009~2010年特区政府施政报告》；
⑦魏然.台湾文化产业论稿［M］.吉林人民出版社，2010.10.11。

综合以上对文化创意产业的分析，我们可以看出，在进入知识经济时代之后，大多数国家和地区政府都把文化产业作为重要的战略产业，通过各种政策和手段促进其发展，进而达到提升其综合竞争力的目的。

第二节　我国文化创意产业发展现状

转变经济增长方式、建设创新型国家是当前我国经济发展的重要任务。在完成这一任务的过程中，近年来异军突起的文化创意产业将扮演重要的角色，作为能够催化经济转型的重要战略举措，文化创意产业不仅正成为推动经济转型增长的重要驱动因素，还正在成为推动我国经济快速发展的重要产业之一。

一、产业规模

改革开放以来，我国国民经济持续快速发展，社会心理从传统封闭状态向现代开放状态演变，文化消费需求质量不断提高、数量不断增加。与此同时，我国文化市场准入逐步放宽，文化产业规模不断扩大，市场主体、经营方式日趋多元化。党的十八大以来，文化与科技不断地进行交流融合，使得传统的出版类、手工艺品类、传统表演类等文化企业不断进行转型升级，并且基于"互联网＋"的新型文化业态成为文化产业发展的新动能和新增长点，文化产业呈现出全新的发展格局，稳步迈向国民经济支柱性产业，并朝这一目标做出努力。

如表1－2所示，2018年我国文化产业实现增加值38 737亿元，比2012年增长2.14倍；就文化产业增加值占地区生产总值比重而言，2012年为3.48%，2018年为4.48%，可见其在国民经济中的地位是在不断提高的。从对经济增长的贡献看，2004～2012年间，文化产业对地区生产总值增量的年平均贡献率为3.9%，2013～2018年提高到5.5%。这表明文化产业作为新兴产业，正在为经济转型发展提供新的动力，且随着教育的普及，越来越多的居民不再只满足于追求物质财富，更加注重精神财富，这也为文化创意产业的发展提供了一个有利条件，也代表着未来的市场需求会呈现逐渐递增的态势。

表1－2　　　2012～2018年文化产业增加值及占地区生产总值比重

年份	文化产业增加值（亿元）	占地区生产总值比重（%）
2012	18 071.0	3.48
2013	21 351.0	3.75
2014	23 940.0	3.76
2015	27 235.0	4.02
2016	30 785.0	4.14
2017	34 722.0	4.20
2018	38 737.0	4.48

资料来源：国家统计局。

从国家统计局连续发布的数据来看，进入"十三五"以来，文化和相关产业的增速相对放缓，从此前平均增速超20%，降至这几年的12%左

北京文化产业发展报告（2020）

右，这主要与我国宏观经济转型有关。一方面随着我国经济从高速增长向高质量发展阶段的转变，传统工业制造业的增速明显放缓，由此也直接影响到文化产业的整体增速。另一方面，文化产业本身也在进行自身的结构性转型，如生产大类、广电、新闻出版这些行业增速较慢，而文化信息传输服务等与新技术相关的行业发展增速较快。

■ 二、产业结构

2018 年，文化及相关产业的 12 个行业中，有 10 个行业的营业收入实现增长。其中，增速超过 10% 的行业，如新闻信息服务，其营业收入 8 099 亿元，比上年增长 24.0%；创意设计服务 11 069 亿元，增长 16.5%；文化传播渠道 10 193 亿元，增长 12.0%。增速为负的行业如下：文化娱乐休闲服务，其营业收入为 1 489 亿元，下降 1.9%；文化投资运营，其营业收入为 412 亿元，相较于上年下降 0.2%。另外，文化制造业营业收入 38 074 亿元，比上年增长 4.0%；文化批发和零售业营业收入 16 728 亿元，增长 4.5%；文化服务业营业收入 34 454 亿元，增长 15.4%（见表 1 - 3）。

表 1 - 3 　　2018 年全国规模以上文化及相关产业企业营业收入情况

总计	绝对额（亿元）	比上年增长（％）
	89 257	8.2
文化制造业	38 074	4.0
文化批发和零售业	16 728	4.5
文化服务业	34 454	15.4
新闻信息服务	8 099	24.0
内容创作生产	18 239	8.1
创意设计服务	11 069	16.5
文化传播渠道	10 193	12.0
文化投资运营	412	- 0.2
文化娱乐休闲服务	1 489	- 1.9

总计	绝对额（亿元）	比上年增长（%）
	89 257	8.2
文化辅助生产和中介服务	15 094	6.6
文化装备生产	8 378	0.2
文化消费终端生产	16 284	1.9

资料来源：国家统计局。

三、地区结构

我国文化创意产业在全国范围内的分布是非常不均衡的，东部的传统文化产业和新兴创意产业齐头并进，2018 年，规模以上文化及相关产业企业实现营业收入 68 688 亿元，占全国 77.0%；中部传统文化产业优势显著，文化资源的开发与整合力度不断加大，从表 1 – 4 中可以看出中部地区规模以上文化及相关产业企业实现营业收入 12 008 亿元，占全国比重为 13.4%，从增长速度看，中部地区营业收入同比增长 9.7%。

表 1 – 4　　2018 年全国规模以上文化及相关产业各地区企业营业收入情况

地区	绝对额（亿元）	比上年增长（%）
东部地区	68 688	7.7
中部地区	12 008	9.7
西部地区	7 618	12.2
东北地区	943	– 1.3

资料来源：国家统计局。

西部主要是以民族与地域风情为特色的文化产业发展速度较快，这样的发展态势对于文化与自然生态的开发与保护具有极其重要的示范、引领价值，西部和东北地区规模以上文化及相关产业企业实现营业收入分别为 7 618 亿元和 943 亿元，占全国比重分别为 8.5% 和 1.1%。从增长速度看，西部地区同比增长 12.2%，东北地区同比下降 1.3%。

四、企业性质

国有文化企业始终坚持社会主义先进文化前进方向、始终坚持把社会效益放在第一位，实现社会效益和经济效益相统一，在探索文化新业态、新模式等方面成效显著，有力地促进了文化产业发展和文化市场繁荣，为建设社会主义文化强国奠定了坚实基础。2017 年全国规模以上文化企业实现营业收入 91 950 亿元，比上年增长了 10.8%，增速提高 3.3 个百分点，其中，国有文化企业约 1.5 万，资产规模不断扩大，利润持续增长，总体保持稳健发展态势，资产总额 45 662.2 亿元，同比增长 23.6%；年营业总收入为 15 673.9 亿元，全年实现利润总额 1 481.2 亿元，同比增长 7.8%。截至 2018 年底，国有文化企业比 2017 年增加 0.2 万户，从业人员 142.4 万人，全年实现营业总收入 1.5 万亿元，利润总额 1 491.1 亿元，分别同比增长 0.1% 和 0.7%。

2017 年底，民营文化企业约 4 万户，实现营业总收入 76 276.1 亿元（见表 1-5）。当前我国规模以上民营文化企业无论是企业数量、从业人员，还是投资规模、产值效益，对促进我国文化产业持续健康发展，均起到"四梁八柱"的支撑作用。以文化产业较为发达的浙江省为例，全省共4 万余家民营文化企业，而其注册总资本仅为 260 亿元，据此推算，平均每家民营文化企业的注册资本仅有 600 万元，其中还包括部分大中型民营文化企业，其数量分布呈明显的"两头大，中间小"的格局。

表 1-5   2017 年我国国有、民营规模以上文化企业现状对比

企业类型	数量（万户）	占比（%）	年营业总收入（亿元）	占比（%）
全国规模以上文化企业	5.5	100	91 950	100
国有规模以上文化企业	约 1.5	27	15 673.9	约 17
民营规模以上文化企业	4	73	76 276.1	约 83

资料来源：《国有文化企业改革发展报告（2018）》。

第三节　主要城市文化创意产业发展概况

根据《2018 年中国城市文化创意指数》发展报告，北京、深圳、上海、东莞、杭州、广州、重庆、天津、苏州、成都是中国城市文化创意指数排名前 10 的城市。本报告从中选取直辖市排行靠前的北京、上海及副省级城市排行靠前的杭州、武汉、青岛等城市对其文化创意产业的发展概括进行分析。

■ 一、北京市文化创意产业发展现状

（一）文化创意产业呈良好发展态势

近些年凭借文化底蕴、各种政策支持及市场力量的推动，北京市文化创意产业始终处于良好的发展态势，从表 1-6 中我们可以看出 2010~2018 年以来，北京文化创意产业增加值逐年稳步增长，由 2010 年的 1 697.7 亿元增加到 2018 年的 4 209 亿元，由此可见北京市作为首都，经济产值不断向上攀升，文化创意产业增加值的增速也一直处于较高水平，每年的增长幅度都较大。

表 1-6　　　　北京市 2010~2018 年文化创意产业增加值　　　　单位：亿元

年份	增加值	资产总计	收入合计
2010	1 697.7	11 166.3	7 442.3
2011	1 989.9	12 942.6	9 012.2
2012	2 205.2	15 575.2	10 313.6
2013	2 578.1	18 234.2	11 657.1
2014	2 826.3	26 441.8	13 982
2015	3 253.8	31 893.9	15 877.8

年份	增加值	资产总计	收入合计
2016	3 581.1	37 921.3	17 885.8
2017	3 908.8	42 390.6	20 806.7
2018	4 209	20 738.6	10 703

资料来源：《北京统计年鉴》（2010～2019年）。

（二）产业内部结构优化，科技融合趋势明显

北京市从2014年开始实行"互联网＋文化"的发展模式，紧密结合虚拟技术和现实产业，内部结构不断优化，形成多种业务优势，文化创意产业营业收入和增加值都大幅提高。总体来看，北京市文化创意产业内部的主导行业为软件、网络及计算机服务、广告会展、艺术品交易、其他辅助服务。其中，软件、网络及计算机服务产业在文化创意产业的业务收入、产值、从业人数等方面都占据最大比重，相对于其他领域有绝对的发展优势。

由此可知，随着科技进步，互联网技术普及，文化创意产业中新闻出版业、广告会展等传统门类的发展受到制约，文化创意与科技相结合成为推动北京市文化创意产业发展的新动力（杨丽青、孙文琛，2018）。如中关村全部规模以上文化创意单位2016年共创造收入7 639.0亿元，相比2015年增长12.7%。

文化产业作为北京的重要支柱产业，占地区生产总值比重始终保持增长态势，从2004年的6.4%提升到2018年近10%，如表1－7所示，2018年全市规模以上文化产业实现收入1.07万亿元，是2013年的2倍。从文化创意产业收入来看，该行业2018年实现收入10 703亿元，同比增长11.9%。[①] 北京作为全国的文化中心，文化产业的核心领域优势明显，新闻信息服务业营业收入占全国二分之一以上，影片产量占全国近一

---

① 数据来源：http://news.china.com.cn/txt/2019－09/19/content_75222654.htm。

半，版权登记数量占全国四成，创意设计服务业收入和广告经营额占全国的四分之一以上。北京作为各大金融机构总部的聚集地，文化金融市场也充满活力，文化产业并购规模占全国三成以上，并购活跃度在全国排在首位。

表 1 - 7　　　　　　　2018 年北京规模以上文化产业情况

项目	收入合计	
	2018 年（亿元）	同比增长（％）
合计	10 703	11.9
文化核心领域	9 292	14.1
新闻信息服务	2 558.3	20.7
内容创作生产	2 005.2	8.7
创意设计服务	2 771.1	17.8
文化传播渠道	1 826.9	7.2
文化投资运营	30.5	− 7.7
文化娱乐休闲服务	99.8	9.2
文化相关领域	1 411	− 0.6
文化辅助生产和中介服务	654.8	6.6
文化装备生产	168.3	− 3
文化消费终端生产	587.8	− 7

资料来源：北京市统计局。

（三）产业集聚式发展，总体分布不均

文化创意产业集聚区是一种生产空间组织，是北京市落实产业发展政策的重要载体。自 2006 年以来，北京市先后认定了四批文化创意产业集聚区，16 个区总共有 30 个文化创意产业集聚区，这些集聚区吸引了许多文化创意艺术家和企业，在新常态时期表现出强大的抗衰性。其中海淀区

和朝阳区的产业集聚区数量最多，规模最大，类型最丰富，发展形势最良好，而门头沟、密云、怀柔、延庆等生态涵养区的产业集聚区数量和规模较小，发展情况较为落后。

北京目前的产业园区突破了以往种类单一的特点，目前重点结合科技和娱乐，每个产业园区几乎涵盖文化创意产业的多数门类，园区按照北京文化创意产业中的中轴线加两翼的格局进行发展，并利用北京市政府制定的优惠产业政策进行合理规划。不断吸引大量社会资本和公共设施建设，不断引进高级文化人才并逐渐发展形成集聚区的自身特色，进而提升品牌号召力。目前，北京市集聚区的规模效应不断提升，不仅拉动其相关产业的快速发展，而且逐渐形成具有国际影响力的文化创意产业园区。

（四）文化企业以民营企业居多

统计表明，北京新三板挂牌文化企业占全国三分之一，入选"全国文化企业30强"及提名名单、国家文化出口重点企业、国家文化科技融合示范基地数量均居全国首位。全市规模以上文化企业4 000多家，文化领域独角兽企业占全国一半以上。

北京市工商联发布了首份"北京民营企业文化产业百强"榜单及相关调研报告。据2018北京民营企业文化产业百强榜单（见表1-8）显示，进入榜单前十的企业如下：百度公司、北京开心麻花娱乐文化传媒股份有限公司、完美世界（北京）软件科技发展有限公司、帝海投资控股集团有限公司、北京春秋永乐文化传播股份有限公司、北京三快在线科技有限公司、北京蓝色光标数据科技股份有限公司、万达电影股份有限公司、北京爱奇艺科技有限公司和北京当当网信息技术有限公司。据统计，前十位的企业，资产总额2017年共实现3 888.1亿元，同比增长50.5%。此外，"2018北京民营企业文化产业百强"2016年的缴税总额为114.77亿元，2017年缴税总额为178.14亿元，同比增长55.23%。

表 1－8　　　　2018 年民营企业文化产业名单（前 10 名）

排名	公司	排名	公司
1	百度公司	6	北京三快在线科技有限公司
2	北京开心麻花娱乐文化传媒股份有限公司	7	北京蓝色光标数据科技股份有限公司
3	完美世界（北京）软件科技发展有限公司	8	万达电影股份有限公司
4	帝海投资控股集团有限公司	9	北京爱奇艺科技有限公司
5	北京春秋永乐文化传播股份有限公司	10	北京当当网信息技术有限公司

资料来源：北京市工商联。

二、上海市文化创意发展现状

（一）文化创意产业保持平稳增长

根据上海市对于文化创意产业的界定，文化创意产业以思维创新和技术驱动等知识与智力聚集性要素为核心内容，通过各种创新性活动，有效提升了生产与消费环节的价值，在为社会创造财富的同时，提供了更多的就业机会。在《上海创意产业发展重点指南》中，上海市已明确将未来经济增长的重心倾向于咨询、策划、设计、研发、传媒等文化创意及相关领域，同时加快建设多个文化创意产业区。作为国内较早建设创意产业园区的城市，至 2016 年底，上海文化创意产业园区已达 300 多家，其中 106 家获得"上海市文化创意产业园区"称号。在 2017 年《关于加快本市文化创意产业创新发展的若干意见》中，上海市明确指出要将全力位打造国际影响力的文化创意产业中心作为 2035 年的目标。2017 年，我国文化及相关产业总增加值为 34 722 亿元，上海市文化创意产业增加值为 2 081.42亿元，占全国文化产业增加值的 5.99%，占上海地区生产总值的 6.80%。如图 1－1 所示，2013～2017 年以来，文化产业增加值保持平稳快速增长的势头，占全市地区生产总值比重稳步上升，运用新动能有效地实现了上海市经济的高质量发展。

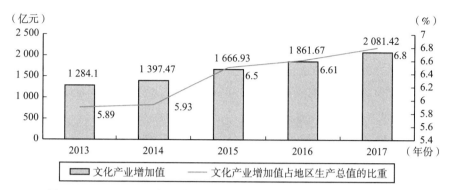

图 1 - 1　2013 ~ 2017 年上海市文化产业增加值及占地区生产总值比重

资料来源：上海市统计局。

（二）新兴领域成为产业发展新动能

按行业分析，2017 年上海文化制造业增加值为 261.18 亿元，占全市文化产业的比重为 12.55%；文化批发和零售业增加值为 189.35 亿元，占比为 9.10%；文化服务业增加值为 1 630.89 亿元，占比为 78.35%。按活动性质分析，文化核心领域创造的增加值为 1 558.53 亿元，占全市文化产业的比重为 74.88%；文化相关领域创造的增加值为 522.88 亿元，占比为 25.12%，如表 1 - 9 所示。

表 1 - 9　　　　　　　2017 年上海文化及相关产业增加值

类别名称	2017 年增加值（亿元）
文化及相关产业	2 081.42
文化核心领域	1 558.53
新闻信息服务	197.1
内容创作生产	520.05
创意设计服务	454.45
文化传播渠道	184.74
文化投资运营	140.69

续表

类别名称	2017 年增加值（亿元）
文化娱乐休闲服务	61.49
文化相关领域	522.88
文化辅助生产和中介服务	310.89
文化装备生产	79.04
文化消费终端生产	132.95
文化制造业	261.18
文化批发和零售业	189.35
文化服务业	1 630.89

资料来源：上海市统计局。

内容生产成为上海市文化产业发展的重要着力点，2017 年，以出版服务、广播影视节目制作、创作表演服务、数字内容服务、内容保存服务、工艺美术品制造等为主的内容创作生产类实现增加值 520.05 亿元，占文化产业增加值的 24.99%；以新闻服务、报纸信息服务、广播电视信息服务、互联网信息服务为主的新闻信息服务类实现增加值 197.1 亿元，占文化产业增加值的 9.47%。在互联网时代的大背景下，诸多新兴技术的发展在加速，如人工智能、云计算与大数据等，内容生产方式受用户个性化需求的影响不断增强，并且传统文化业态的创新活力被极大激发，推动了广播电视、文化出版和媒体行业等传统文化产业实现快速转型，与新兴文化产业相互渗透，不断融合，更快推动文化产业转型升级。在文化核心领域，以广告服务、设计服务为主的创意设计类实现增加值 454.45 亿元，占文化产业增加值的 21.83%；以出版物发行、广播电视节目传输、广播影视发行放映、艺术表演、互联网文化娱乐平台、艺术品拍卖及代理等为主的文化传播渠道类实现增加值 184.74 亿元，占文化产业增加值的 8.88%。目前，文化产业的发展更加依托于互联网，因此"互联网＋文化"也成为文化产业的重要特征，在发展的过程中又出现了全新的文化生产体系，在智能化、网络化和数字经济等新技术的推动下，诞生了更多以互联网为主体的新兴传播渠道和内容平台，在加速文化产业融合的同时，也为未来文化产业的发展提供了新趋势与新动能。

（三）文化装备等相关领域保持增长态势

文化装备生产增加值为 79.04 亿元，占文化产业增加值的 3.8%，继续保持增长态势。此外，文化辅助生产和中介服务增加值为 310.89 亿元，占文化产业增加值的 14.94%；文化用品的生产增加值为 132.95 亿元，占文化产业增加值的 6.39%。见表 1 - 10，作为先进制造业和新兴战略性产业的组成部分，上海文化装备产业加大研发成果转化力度，加快"走出去"步伐，培育了一批本土文化装备企业，产业链功能性布局成效显现。

■ 三、杭州文化创意发展现状

（一）文化创意产业发展逐年加快

2008 年，杭州提出成为国家文化创意产业中心的发展目标，从信息服务、动漫游戏、设计服务、现代传媒业、艺术品业、教育培训业、文化休闲旅游业、文化会展业 8 大门类来发展文化创意产业，且先后获得联合国教科文组织授予全球创意城市"工艺和民间艺术之都"、全国首批"国家级文化和科技融合示范基地"和全国唯一的"两岸文化创意产业合作实验区"的称号。2010 年国务院批准实施的《长江三角洲地区区域规划》，也将"全国文化创意中心"定位为杭州的一个城市功能。杭州市在借鉴国内外优秀经验和实际情况的基础上，将文化创意产业定义为以创意文化为基础，以知识产权的形成与应用为载体，以创造财富与增加就业机会为目标的产业集群。

自 2008 年，杭州开始提出"全国文化创意产业中心"的发展目标以来，文化创意产业在十多年来始终保持高速增长的发展趋势。如图 1 - 2 显示，2010 年，杭州实现文化创意产业增加值 702 亿元，占全市地区生产总值的比重为 11.8%；到 2018 年实现增加值为 3 346.83 亿元，占地区生产总值的比重为 24.8% 。经过十余年的探索，杭州市的发展模式已经从探索模式进入呈现模式阶段，形成了一条符合自身经济社会发展水平、符合城市功能定位、符合人民群众诉求和国内外期待的路径，并在"十三五"时期继续凝练特色，提升品质，为"杭州模式"增添新的内涵。

图 1 – 2　2010 ~ 2018 年杭州文创产业增加值和占地区生产总值比重

资料来源：杭州统计局。

杭州市作为全国文化创意产业中心，以及首批国家级文化和科技融合示范基地之一，其文化创意产业发展迅速，主要经济指标呈现"三高速、一快速"的特征。三高速分别是指文化创意产业的发展增速分别高于当年全市地区生产总值和十大产业增速的 3.9 个百分点和 1 个百分点，高于全市服务业增加值增速 2.9 个百分点；一快速是指全市文化创意产业加快发展，逐年增幅在 5% ~ 14.1% 之间。

（二）以数字内容产业为主

杭州文化创意产业发展良好，使其成为国内为数不多的文化创意产业先发地区。文化创意产业门类齐全，集聚加速，部分行业优势突出。其中杭州产业园区的软件、游戏动漫、工艺美术、服装设计等文化创意行业的发展排名在全国前几位。

在"文化 + 科技"领域，信息服务业成为杭州发展文化产业的重要焦点。杭州市重点推动数字内容产业发展，加快布局相关产业，从而使传统文化产业科技含量不断提升，使得高端制造业的文化服务溢出效应不断扩大。近年来，随着新一轮信息技术革新浪潮在全球范围内蓬勃兴起，杭州作为高新技术产业基地、中国电子商务之都，文化创意产业中的信息服务业（互联网文化创意产业、数字电视业、文化软件服务业）中心异军突起，杭州文化创意产业成为重要亮点。经过近年来的培育发展，杭州市提出建设"天堂硅谷"的目标，使得电子信息产业迅速发展，并且在近几年逐步建设了国家电子信息产业、软件产业、动漫产业、集成电路产业等4个国家级基地，成为国内少有的主要信息产业发展基地。如图1-3所示，以数字化网络化为代表的新兴文化产业2018年实现增加值2 098亿元，同比增长15.8%，占杭州市地区生产总值比重15.5%，成为杭州市文创产业乃至全市经济发展重要的新增长点。

图1-3　2015～2018年杭州市数字内容产业增加值和占地区生产总值比重

资料来源：杭州市统计局。

（三）现代科技与传统文化生活相融合

在文化创意产业发展过程中，杭州市营造出全社会、全民众支持创新创造的氛围，并大力发展并推动社会、科技和制度的创新，不断激发创新型的产业形态。让创意融入群众的生产和生活之中。获得过荣誉的杭州文创产业也较清晰地反映了这一特色：联合国教科文组织全球创意城市网络

"工艺和民间艺术之都"、首批国家级文化和科技融合示范基地、国家数字出版产业基地等。

杭州在推动文化创意产业发展中，注重激发民众创意和创新意识，使产业发展的活力源泉转向市场创新。同时，杭州积极顺应政府所提倡的产业跨界融合发展的大趋势，推动文化产业和相关产业或其上下游产业的协同发展和交流。结合自身的具体发展特色，将"创意生活"作为文化创意产业发展的重要组成部分，形成了"文化、创新、生活、环境"相结合的产业生态，将文化变得生活化、大众化、普通化，群众生活过得创意化，通过文创产业的发展实现经济效益、社会效益相统一的目标，为杭州市的本土居民和外来务工人口及海内外的游客提供高水平、高亮点、新创意、新特色的文化产品和服务，让文创成为杭州"打造生活品质之城"的可靠且有效的重要手段，使得"文化 + 创意"成为杭州人的生活方式之一。

四、武汉文化创意产业发展现状

（一）文化创意产业增加值逐步提升

武汉是国家历史文化名城、楚文化的重要发祥地，在新时代，其文创产业也在悄然兴起，武汉为了提高自身的文化产业发展水平，2012 年就开始从供给端这一关键环节并结合一些强有力的措施提升其产品的创新程度及市场竞争能力。

2012 年开始，为提升文化产业的活力，武汉市政府结合其发展规模和速度不仅出台了很多政策和有力措施，还加大对文化产业的政府资金、社会资金等多元化的投入。根据湖北省统计局、武汉市统计局的统计数据，武汉文化产业自 2012 年开始发展以来，取得了很大程度的进展，逐步成长为推动武汉创新驱动发展的强大引擎产业之一。如表 1 - 10 所示，2011 年文化产业增加值为 184.08 亿元，2012 年和 2013 年增加值保持一致，2014 ~ 2017 年的增加值每年都在逐步提升，截至 2017 年为 619.1 亿元，较 2011 年增长量为 435.02 亿元，增加值总量占地区生产总值比重达到

4.62%，比上年提高 0.61 个百分点；增速高于全市地区生产总值增幅，比上年提高 13.1 个百分点，产业增加值逐步提升。

表 1－10　　　武汉市 2011～2017 年文化产业增加值及占地区生产总值比重

年份	文创产业增加值（亿元）	占地区生产总值比重（%）
2011	184.08	2.8
2012	263	2.9
2013	263	2.9
2014	389.09	3.86
2015	409.31	3.75
2016	477.28	4.01
2017	619.1	4.62

同时，武汉市重视创新文化产业发展政策，积极招商引资，文化产业主体不断扩大，如图 1－4 所示，2014 年企业总数为 422 家，2015 年为 459 家，2016 年为 505 家，增长速度逐年加大，截至 2017 年底，武汉市规模以上文化企业共有 726 户，比 2014 年增长 304 户，增长 72.03%，比 2016 年增长 221 户，增长 43.8%。全市规模以上文化企业实现营业收入 1 332.96 亿元，比上年增长 29.8%，增速比上年提高 17.6 个百分点。

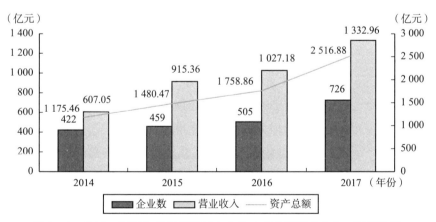

图 1－4　2014～2017 年武汉规模以上文化企业数及营业收入、资产总额

资料来源：武汉统计局。

（二）新兴产业增速加快，传统产业持续下滑

2016 年，武汉市全年文化创意产业实现增加值 857.35 亿元，比上年增长 8.6%（现价），增幅高于全市地区生产总值的增加速度，占地区生产总值比重为 7.2%，文化创意产业对全市经济的贡献度稳步提升。从行业分布情况来看，2016 年，武汉市"四上"[①] 文化企业实现营业收入 346.4 亿元，同比增长 17.7%，增速高于全国平均水平 9.8 个百分点，高于全省 5.9 个百分点，增速保持较快发展水平；实现利税总额 36.8 亿元，增长 8.4%。其中，规模以上文化服务业收入占全部规模以上文化产业企业营业收入的 55.5%。在文化产业 13 个行业大类中，9 个行业营业收入呈增长态势（见图 1-5）。

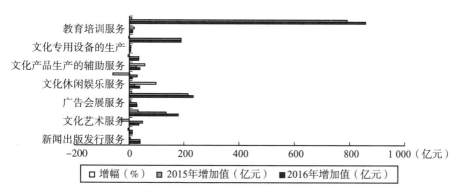

图 1-5　2016 年武汉市文化创意产业按十三大行业分类增加值及增幅

资料来源：武汉市统计局：《文化与科技融合创新传统与新兴比翼并进——2016 年武汉市文化与科技融合产业发展分析》。

2016 年武汉市十三大行业分类中，文化创意服务、文化传输服务和管理咨询服务实现增加值 602.21 亿元，占全产业的 70.2%。其中，文化创意服务比上年增长 8.8%，文化传输服务增长 32.5%。与充满活力的新兴

---

① 四上是指规模以上工业企业、资质等级建筑业企业、限额以上批零住宿餐饮企业和规模以上服务业企业。

行业形成鲜明对比的是传统行业的不景气，其中广播影视行业进一步萎缩，下降1.6%；新闻出版发行服务行业增加值与上年相比仅有1.6%的小幅增长。文化艺术服务、文化艺术品生产、文化用品生产等行业均有不同程度的下滑，前两者的降幅甚至超过了两位数。

（三）"互联网＋"武汉文化产业新模式

2017年，武汉开始对文化的传播模式及传承方式进行创新，创意设计、动漫游戏、智慧服务、移动互联网等行业发展快速。如表1-11所示，短视频、手游爆发式增长，文化产品的数字化、互联网进程加快，互联网服务、移动多媒体、动漫游戏、网络视听等行业快速发展，连续举办两年的"斗鱼直播文化节"等，催生出一批引领行业前沿、规模快速扩张的领头企业。其中以斗鱼直播、百度搜索为代表的互联网信息服务业，2017年实现营业收入39.76亿元，比上年增长30.7%；以软通动力、腾讯科技佰均成为代表的多媒体、游戏动漫业，实现营业收入133.76亿元，增长17.2%；以武汉手盟为代表的互联网游戏业，实现营业收入3.22亿元，增长32.6%。

表1-11　　　　　　　　"互联网＋"模式类型表

新模式	"互联网＋文化"型	"文化＋互联网"型	互联网文化型
概念	传统的互联网公司进驻文化产业，合作文化项目	传统文化类企业主动加盟互联网	结合互联网技术、平台和思维从事经营的文化产业
企业类型	互联网企业	电视、纸质、广播媒体、影视企业	新媒体企业、网络手游、平台服务
企业代表	盛天网络	长江日报报业集团	百捷集团

■ 五、青岛文化创意发展现状

（一）文化创意产业发展成为支柱性产业

在青岛，文化产业正方兴未艾，成为青岛这座城市另一个闪亮的标签。近年来，青岛市依托滨海的地缘优势，以蓝色文化为引领，深入实施"文化强市"战略，大力推进文化创意产业发展，全面落实创新、协调、绿色、开放、共享的发展理念。以满足人民日益增长的美好生活需要为出发点和落脚点，以供给侧结构性改革为主线，着力推动文化创意产业成为全市新旧动能转换的新引擎和突破口，打造全国文化创新产业新旧动能转换示范区。2018 年，全市实施文化创意产业项目 93 个，其中过亿项目 56 个，十亿以上项目 21 个，总投资额 721.21 亿元。

2012～2015 年，青岛全市文化产业增加值平均增速 18.5%，高出同期全市地区生产总值增速 4 至 5 个百分点。① 其中，2015 年，青岛市文化产业增加值达到 557.3 亿元（2016 年数据尚未发布），比上年增长 14.8%，占全市地区生产总值的 5.99%，比上年提高 0.41 个百分点，拉动地区生产总值增长 0.8 个百分点，对全市地区生产总值的贡献率为 10.2%，为拉动全市经济增长、促进转型升级发挥了重要作用，成为青岛市支柱性产业和新的经济增长点。②

（二）文化产业结构

经国家统计局认定，2018 年上半年青岛市规模以上文化企业 711 家，实现营业收入 1 049.6 亿元，比上年同期增长 6.4%，文化创意产业增加值、占全市生产总值比重均名列山东省首位，增速高于山东省 1.1 个百分点。2018 年 1～7 月，青岛文化体育和娱乐产业实现营业收入 37.27 亿元，占全省文化体育和娱乐业营业收入的 39.5%，同比增长 18.9%。2018 年，青岛市实施文化创意组产业项目 93 个，其中过亿项目 56 个，十亿以上项目 21 个，总投资额 721.21 亿元。③

2018 年上半年，青岛人均生活消费支出 14 192 元，其中人均教育文化娱乐消费支出增速居消费支出之首，为 1 181 元，同比增长 11.5%。教

---

① http：//www.qingdao.gov.cn/n172/n1530/n32936/151230085924020812.html.
② http：//wb.qdqss.cn/html/gdwb/20171024/qdwb279429.html.
③ 数字赋能"新文创"激发青岛发展新活力，http：//epaper.qdcaijing.com/paper/cjrb/html/2018－10/10/content_283017.htm.

育文化娱乐消费呈现出了加速增长态势，已经成为引领青岛消费的新引擎。从全局发展来看，文化创意产业实现较快增长的主要原因，来源于科学规划布局，产业整体实力有效提升，各区市涌动的文化创意产业新活力，以及结构调整、有序竞争、错位发展之后的新风貌，产业基础由此夯实、提升。

（三）"文化＋"前景广阔，新业态成发展亮点

文化与各种创新元素的深度融合，为产业发展开启了更加广阔的前景，从文化产业10大类别看，上半年除文化信息传输服务类营业收入减少外，其余9个类别均保持增长。其中高于15.2%平均增速的有6类：文化艺术服务类，增长41.8%；广播电视电影服务类，增长34.0%；文化休闲娱乐服务类，增长24.4%；文化用品生产类，增长18.0%；文化创意和设计服务类，增长15.9%；文化专用设备的生产类，增长15.4%。

其中青岛出版集团作为本土龙头文化企业，推出的数字产品项目"360度全景平台"，融合了移动互联网技术与虚拟现实全景技术"文化＋科技""文化＋旅游""文化＋创意设计""文化＋休闲娱乐""文化＋时尚""文化＋制造""文化＋农业"等新业态，成为青岛市文化产业发展的新亮点。

第二章　文化创意产业园区发展概述

第一节　文化创意产业园区基本概述

文化创意产业园区是文化创意产业发展的重要载体，在传承我国传统文化的同时，已成为地方经济和国家经济发展新的增长点。文化创意产业园区是产业集聚的一种新形式，将具有不同文化背景、产业发展状况、科技研发和创意元素的企业在同一地理空间上形成一个集群。关于文化创意产业园区的概念界定和分类，学者们从不同的视角进行了研究和分析。

一、文化创意产业园区概念界定

不同的学者从不同的研究视角对文化创意产业园区给出了各有侧重的概念界定。

从区域集聚的角度来看，李向民（2006）认为文化创意产业园区是各地区文化逐渐聚集发展而形成的，集政策、企业、创新等多方面混合的文化产业园。杨永忠、黄舒怡、林明华（2011）把文化创意产业园区定义为文化创意产业在空间上"集聚"的一种形态，认为文化创意产业园区是由于产业在地理空间上聚集而形成的特定区域。向勇、刘静（2012）认为文化创意产业园区是文化产业"集聚"效应所呈现的一种形态，依托行业及相关产业链汇聚成本，发挥"集聚效应"的作用，是产生经济、社会、文化等多方面综合效益的一种方式。张晓菲（2013）研究认为，文化创意园区包含产业的聚集和文化的聚集。就产业聚集而言，往往是因为地理位置比较接近或者是由于产业关联性而产生的。就文化聚集而言是因为具有较高的文化认同感。康兰艺（2018）认为文化创意产业园区的主要特征为拥有包容性和独特的环境，这两个方面依托文化创意产业及其相关产业在园区内集中布局，实现创意生产，同时将文化创意产业园区看作是地理空间上集聚的一种形态。

从集聚产业的相互关联角度来看，厉无畏（2006）根据发展阶段的不同把文化创意产业集聚区界定为以要素集聚为主要特征的1.0产业型文化创意集聚区、以融合渗透为主要特征的2.0经济型文化创意集聚区和以辐射联动为主要特征的3.0社会型文化创意集聚区。樊纪相（2008）认为文化产业园区是一个通过产业集群机理为各个相关公司提供活动的专属领域，是工业产业园在文化领域的拓展。张书（2011）认为文化创意园区为示范作用明显的集聚区，该园区以创意生产为主导，具有完整的产业链以及主导产业明确，同时具有完备的服务平台。吴开嶂（2012）认为文化创意园区同时包含文化创意产业与高新科技产业，且科技产业与文化产业相互交融，以达到共存的一种新型经济园区。冯根尧（2016）认为文化创意产业园区是一系列文化创意的关联机构或关联产业在特定地域内集聚而形成的集创意、设计、生产、交易、休闲为一体的综合区域，该区域具有鲜明的文化形象及吸引力，能够依托区内形成的"设计—生产—销售—消费"文化创意产业链，发挥集聚效应，推动该地区经济、社会、文化持续发展。

从园区功能的角度来看，牛维麟（2007）认为文化创意产业园区应该具有政府政策支持、长久而有活力的园区文化建设、先进的科技、文化创意人才、园区管委会新生管理组织等要素，同时还应具有扶持中小企业发展的孵化器和提供中介服务的功能。钱敏杰（2009）认为文化创意产业园区是指在政府整体规划和引导下，以区域文化资源为载体，以优惠的产业政策吸引多种创意生产要素聚集的园区。通过招商引资和招才引智，逐步营造文化氛围，形成文化特色，打造文化品牌，使之成为文化创意产业的聚集地、孵化器和推进器。王金灵（2010）认为文化创意产业园区是一种介于政府、市场与企业之间的一个新型社会经济组织和企业发展平台，它整合各种资源助推文化创意企业独立、健康成长。刘学文（2015）把文化创意产业园定义为在政府布局指挥下，通过文化创意产业的定位和聚集，配合完善的管理系统和公共服务设施，形成创意文化浓郁氛围，集研发、生产、制作、展览、交易等活动为一体的产业专业化园区。

结合学者们对文化创意产业园区的研究和界定，本报告认为文化创意产业园区是以文化创意为核心生产要素，围绕文化产业价值链集成研发、设计、生产、交易和消费为一体的综合性产业聚集区，同时又兼具产业孵化、助推和服务的功能。

二、文化创意产业园区的分类

关于文化创意产业园区的分类，学者们从不同的角度给出了不同的分类方法。牛维麟（2007）在对北京文化创意产业园区的研究中将其分为三类：以数字娱乐为主要内容，利用现代信息网络技术，重点发展软件、游戏、动漫等行业的文化创意产业集群、以北京传统工业资源为基础发展起来的文化创意产业集群、以大型文化创意企业集团为龙头，带动上下游其他企业聚集而形成的文化创意产业集群。郑耀宗（2015）从地理区位、园区产权、经营者类型、主导产业等方面对上海文化产业园进行了分类。冯根尧（2016）根据不同的行业性质将文化创意产业园区分为产业型、混合型、艺术型、休闲娱乐型、地方特色型五种类型。中商产业研究院（2018）依据依托的主题产业不同，将中国文化创意产业园区主要分为影视、电信软件、工艺时尚、设计服务、展演出版、咨询策划、休闲娱乐和科研教育八类创意产业园。①

综合以上学者研究，可以看出我国文化创意产业园区形态多样，不同城市和同一城市的不同文化创意产业园区在拥有共性特征的同时又各具特色。

第二节　我国文化创意产业园区发展特征

作为文化创意产业发展的重要载体，我国文化创意产业园区自20世纪90年代出现至今获得了快速的发展。不仅园区数量不断增加，而且更加注重集群发展、融合发展和创新发展。

■ 一、园区数量快速增加

从20世纪90年代开始，我国开始出现文化创意产业园区。但园区数量和所涉及的省份都十分有限。1990年，我国仅有10个省份共有19个文化创意产业园区。② 后来，随着国家和各地政府将文化创意产业作为支柱产业，出台配套政策给予重点支持，各种文化创意产业园区开始逐步涌现，并获得快速发展。2002～2018年，我国文化创意产业园区的数量由48个增加到2 599个，年均增长率为55.8%（见图2-1）。其中，2002～2014年增速尤为迅猛，年均增长率为121.7%。2015年后我国文创园区的数量开始出现小幅下降，但仍保持平稳发展。

---

① 中商产业研究院. 文化创意产业园六大发展模式及特点［EB/OL］. https：//www. sohu. com/a/280217667_350221.

② 褚岚翔，黄丽. 我国文化创意产业园区的时空分布——基于探索性空间数据分析［J］. 企业经济，2018（6）：137－143.

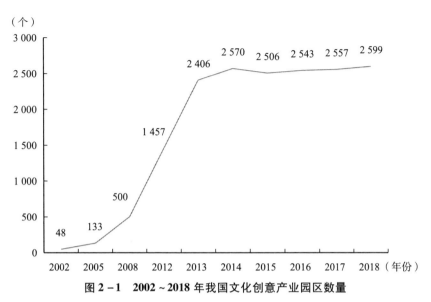

图 2-1 2002~2018 年我国文化创意产业园区数量

资料来源：中研普华产业研究院。

二、园区集群化分布进一步凸显

随着近些年我国文化创意产业的发展，文化创意产业园区的数量也得到了快速增长。文化创意产业园产业的发展逐渐呈现出以中心为主并逐步向周边地区辐射的格局，同时，为文化创意产业发展提供主要载体和平台的文化创意产业园区的发展也日益呈现出与之相同的区域集聚分布特征。

目前我国文化创意产业园主要分布在六大区域：以北京为中心的环渤海文化创意产业集群，主要集聚发展艺术品交易、文艺演出、广播影视等产业；以上海、南京、杭州为中心的长三角文化创意产业集群，主要集聚发展动漫、广告策划、工业设计等产业；以广州、深圳为中心的珠三角文化创意产业集群，主要集聚发展影视、动漫、印刷、会展等产业；以昆明、大理、丽江为中心的滇海文化创意产业集群，主要依据当地独具特色的风俗习惯、得天独厚的环境资源发展旅游业，以及带动相关当地特产销售；以西安、成都、重庆为中心的川陕文化创意产业集群，主要集聚发展信息软件、动漫设计等产业；以长沙、武汉为中心的中部文化创意产业集群，主要发展设计、广播、影视等产业。

三、园区发展模式因地制宜，地方特色日益明显

近些年，我国经济得到快速发展，大部分地区的文化创意产业园区无论是数量还是质量都得到了显著提升。文化创意产业园区已经成为我国文化创意产业发展的重要载体，不同城市或者是同一城市的不同地区根据其自身特色建立起独特的文化创意产业园区。主要呈现以下特点：

基于历史文化沉淀而形成的、独具文化特色的文化创意产业园区。例如：上海的创意仓库，八百抗日战士浴血奋战旧址；北京的高碑店传统民俗文化园区，由古典家具特色街逐步发展为涵盖民俗、文化、国际旅游、商务、休闲等为一体的综合文化创意产业园区；北京的百工坊传统工艺园区，展示中国传统宫廷和民间工艺美术技艺，这些工艺包含多项国家级、北京市级非物质文化遗产项目等。

由于独特的地理环境而形成的具有别具一格的风俗、民俗的文化创意产业园区。例如：保存完整的水乡古镇风貌的周庄，已从传统的旅游开发模式逐步转型为打造以"昆山文化创意产业园""古镇旅游创意产业区"和"太史淀生态创意产业区"一园两区、错位发展的新格局，重点培育文创特色产业链；以整座古城申报世界文化遗产的丽江古城，其金茂创意文化产业园是丽江市唯一列入云南省重点文化产业的项目，主要包括"一院四馆一中心"文博中心、非遗一条街以及相关商业配套设施。

依托周边高校优秀人力资源、大量的科研成果而形成的文化创意产业园区。例如：环同济设计创意集聚区，位于同济大学周边2.6平方公里的核心区域；白马湖生态创意城，依靠浙江大学、浙江传媒学院等38所高校；深圳大学3号艺栈，汇集了深圳大学艺术设计学院、师范学院美术系以及传播学院等众多学院派专业画家，等等。

艺术家自动聚集形成的文化创意产业园区。例如：深圳大芬油画村，集聚全国各地2000多名画家和画师；北京798艺术区，艺术家在空置厂

房基础上改造，逐渐发展成为包含画廊、艺术家工作室、设计公司、餐饮酒吧等多种空间的聚合；成都蓝顶艺术中心，蓝顶一期、二期已经汇集了上百位艺术家等。

由旧厂址改造而形成的文化创意产业园区。例如，成都的东郊记忆，由原成都国营红光电子管旧厂址改造而成，已发展为以"时尚设计与音乐艺术双柱求发展"为定位的多元文化创意产业园区；上海的 M50 半岛1919 文化创意产业园，由上海第八棉纺厂改建而成，已形成以"历史风貌、工业文明、时尚生活"为三大主题的特色园区。

四、园区发展多产业融合逐渐深入

文化产业快速发展的同时，文化创意产业园区的发展也有很大程度的提升，目前国内文化创意产业园区已涵盖了文化、艺术、科技、传媒、动漫、影视、旅游等多个领域，园区逐渐呈现出多产业融合发展的趋势。中央与地方政府先后出台相应的政策，旨在促进文化创意产业园区多产业融合发展。2014 年 2 月，国务院发布《国务院关于推进文化创意和设计服务与相关产业融合发展的若干意见》，指出要推进文化创意和设计服务等新型、高端服务业发展，促进与实体经济深度融合。2017 年 4月，文化部在《文化部"十三五"时期文化产业发展规划》中指出，要推动文化创意和设计服务与装备制造业和消费品工业深度融合。2015年 1 月，上海市政府发布《上海市人民政府关于贯彻〈国务院关于推进文化创意和设计服务与相关产业融合发展的若干意见〉的实施意见》中指出，基地集聚文化创意和设计服务企业，要进一步推进"区区合作，品牌联动"。从表 2 - 1 可以看出，在政府政策的指导和支持下，上海、北京、深圳、广州等我国大部分城市的园区发展都逐渐呈现出多产业融合发展的趋势。

表 2－1 　　　主要城市典型文化创意产业园区多产业融合状况

城市	园区	融合产业
北京	中关村创意产业先导基地、阆苑、北京数字娱乐产业示范基地等	软件、游戏、动漫、音乐、出版等
上海	DI 国际创意空间、张江文化科技创意产业基地、8 号桥创意产业园区等	影视、动漫、软件、广告设计等
广州	天河国家网游动漫产业基地、滨水创意产业带等	手机游戏、动漫、网络游戏等
深圳	汉玉立体艺术创意园、深圳的大芬村、深圳华侨城等	文化旅游、纪念品销售、旅游教育机构、餐饮、娱乐设施等
杭州	动画产业园、杭州西湖创意谷开元198、LOFT49 等	产业设计、信息软件、文化艺术、时尚消费、咨询策划、电子商务等
成都	成都数字娱乐软件园、红星路35 号、蓝顶艺术中心等	数字电视、文博旅游、动画动漫、印刷等
武汉	"江城壹号"文化创意产业园	非物质文化遗产传承人工作室、现代书吧、音乐酒吧、歌厅、国际酒廊、画廊、动漫游戏、艺术培训、时尚展示等
青岛	创意 100 产业园	原创礼品设计、视觉设计、音乐影视制作、服装设计、商务、休闲、饮食、旅游等
郑州	金水文化创意园	动漫游戏、广告会展、信息服务、现代传媒、文化演艺、教育培训、设计等
昆明	麻园、翠湖、创库等	手工创意、艺术展览、广播影视等

第三节　国内典型文化创意产业园区介绍

　　近年来，在国家和地方政府的重视和大力支持下，国内文化创意产业园区的发展在数量和质量上都得到了很大程度的提升。在中国文化创意产业园迅猛发展的过程中，以北京、上海、深圳等城市为领头的创意园区吸引了众多企业，发展极具特色，其中比较著名的产业园区包括北京的中关村多媒体创意产业园、上海的中广国际广告创意产业园、深圳的大芬油画村等已成为地区文化创意产业发展的主力军。

一、北京——中关村多媒体创意产业园

（一）以多媒体创意产业为核心

中关村多媒体创意产业园园区定位是以多媒体创意产业为核心发展方向，专业从事多媒体企业孵化、高新技术企业创业投资及技术转移，致力于孵化各种具有信息时代特质和自主知识产权的产品和技术。不仅是北京首家以多媒体创意产业为核心发展方向的文化创意型高新技术园区，而且是北京第一家多媒体产业孵化基地。多媒体产业在得天独厚的发展环境和空间得到发展，包括：多媒体展示如演示式多媒体、交互式多媒体、显示终端等；多媒体网络如移动多媒体、多媒体通信系统、宽带多媒体、网络流媒体以及相关的运营服务等；多媒体数字内容如数字产品、影音应用、电脑动画、游戏、教育、广告设计制作、互动媒体、数字创意等相关技术、设备、产品等。

（二）形成跨媒体产业集群

园区专业从事多媒体企业孵化、高新技术企业与文化创意企业创业投资、技术转移以及园区和孵化基地的运营管理服务。园区在为多媒体创意产业领域中的中小企业提供便利支持的同时，鼓励原创，支持科技创新，扶持种子型和创业型企业，促进多媒体产业科技成果转化，推动企业开发产业新技术、研制产业新"工具"，抢占国际多媒体产业技术高地。在产业集聚效应下，园区已聚集企业 1 000 余家，已逐渐形成了涵盖数字阅读、机器视觉、语音识别、工业智能化、人工智能、大数据、电子支付、移动互联网、芯片、信息安全等多个行业领域，集产品、服务和应用于一体的跨媒体产业集群。①

---

① http：//www. bjmmedia. cn/show. aspx？cid = 5&id = 2.

（三）数字内容与多媒体产业的融合

园区将中关村的科技、文化与智力等特有要素紧密地结合在一起，坚持创新思维，致力于多媒体创意产业的研究与发展，并努力打造科技与文化相融合的具有北京特色、具有中关村创新特色的高端文化创意产业链条。园区通过中关村多媒体创意产业手机原创数字内容创业平台、原创动漫实训基地等平台，为相关领域的中小入驻企业提供便利的同时也推进了园区内多媒体产业与数字内容的有机融合，探索出一条行之有效的发展道路。

■ 二、上海——中广国际广告文化创意产业园

（一）以广告文化创意类项目为主体

中广国际广告文化创意产业园是全国最早一批国家广告产业园区，该园区于2007年成立，先后获评"上海市文化创意产业园区"和"国家文化产业示范基地"。园区以广告文化创意类项目为主体，依托产业链的高度聚集以实现资源的集约，推进中国知名广告企业的扩张与品牌提升，同时以八大板块打造全球广告创意服务集聚区，力争成为中国较大、产业链比较完整的广告创意产业园。目前，园区已经吸引了近3 000家文化创意类企业入驻，汇聚了百度、爱奇艺、时尚集团、中国元素、上海观池文化传播、创梦上海嘉定亚马逊 AWS 联合孵化器、智炎孵化等一批行业内领先的企业，成为目前国内规模比较大、产业链比较完整的市级孵化基地和国家级广告园区。① 据国家市场监督管理总局数据统计，2018 年中广国际广告创意产业园广告类企业收入超过 92 亿元，占上海市广告经营额的近六分之一。②

---

① http：//www. sinoadi. org.

② 智颖. 上海中广产业园：国家创意产业园区的引领者——走访上海中广国际广告创意产业园 [J]. 中国广告，2020（1）：18.

（二）以"新媒体＋"推动"泛文化方向"的产业结构转型

当下的新冠疫情，对文化创意园区来说是不小的挑战，唯有不断创新，跟上技术发展的步伐才能更好地迎难而上。在经济飞速发展的今天，园区致力于以"新媒体＋电子商务类项目"为支撑，拓展新金融、大健康、智能制造等领域，实现"泛文化方向"的产业结构转型。园区根据企业的不同发展阶段，有效利用园区的行业集聚优势，深入了解企业发展需求，以平台运营为出发点，以产业链融合为切入口，探索广告园区的特色服务系统。与此同时，发挥园区自身"一园两基地"的平台作用，促进广告与其他产业融合。园区借助获颁"国家级广告产业园区""国家电子商务示范基地"等品牌优势，以广告业为主体，促进与区域内的新金融、大健康、智能制造等新兴行业融合，拓展业态布局，并有力带动激发区域整体经济活力。

（三）三大服务平台助力企业发展

园区打造了产业支持平台、创意交流平台、公共服务平台以支持企业发展，促使产业园内的企业规模化、全球化。产业支持平台主要以培训、交流、展示和孵化等几大功能为产业提供支持；作为上海最大的广告创意产业园，创意交流平台主要通过举办各种广告节和广告大会等帮助广告创意类企业进行交流与发展；公共服务平台主要是为园区企业在工商、税务和园区配套管理等方面打造一系列绿色通道，通过公共服务和政务管理平台的构建，为园区广告产业链上中下游企业提供支持。

■ 三、深圳——大芬油画村

（一）以"大芬油画"打造品牌

大芬村油画村，位于深圳市龙岗区布吉街道，面积仅仅 0.4 平方公里，有着"中国油画第一村"的美誉，既是全国最大的商品油画生产、交易基地，又是全球重要的油画交易集散地。起初大芬村是以油画复制品艺术生产起家的，油画复制艺术是大芬美术产业初期发展的重要支点。但是2008年金融危机后，国外市场缩减，随着国内家居装饰、酒店会所等中高端市场的逐渐开拓，大芬艺术品、装饰画已不再局限于早期的油画，表现中国文化的新中式、轻奢、简约画风成为市场主流。为了促进大芬美术产业的可持续发展，当地开始引导企业开发自主知识产权的艺术产品。时至今日，大芬油画村已经形成了以原创油画及复制艺术品加工为主，附带有国画、书法、工艺、雕刻及画框、颜料等配套产业的经营，形成了以大芬村为中心，辐射闽、粤、湘、赣及港澳地区的油画产业圈。

（二）社会效益与经济效益并重

大芬油画村的发展，给全国文化产业树立了一个典范。作为自2004年深圳诞生的第一个文化创意产业园，它不仅带来了巨大的经济效益，而且带动了周边相关产业的发展，为社会提供了大量的就业机会。此外，从以往的卖画到将文化元素注入生活当中，将油墨飘香的艺术氛围融入文化创意产业园区当中，既让人们提升了生活水平，又让人们的生活中充满艺术的气息。在大芬油画村发展的巅峰时期，欧美市场70%的油画出自中国，而其中80%则出自大芬油画村。2019年，大芬油画村已实现全年总产值46亿元人民币。[①]

（三）以市场拉动为主，以政府推动为辅

大芬油画村是市场自发形成的，它带动了当地人民走上了致富的道路。正是由于油画生产的自身效应，地方政府把它当作新的经济增长点进行引导和培育，从整体规划、硬件建设、资金扶持和优惠政策上给予支持，以"文化+"模式探索出一条以市场拉动为主，以政府推动为辅的发展之路。

---

① 影子. 疫情之下的"中国油画第一村"，何以捍卫江湖地位？https://new.qq.com/rain/a/20200727A0BA1S00.

（四）以"互联网＋"模式，积极助推产业转型与创新

在积极发展原创、逐步实现由出口为主转向以内销为主的产业转型的同时，通过"互联网＋"模式，大芬产业模式正逐渐转向互联网线上线下全面发展模式。一系列与电子商务有关的互联网平台，开始不断地在大芬村涌现。据统计，目前大芬油画村有淘宝店 1 700 余家、天猫店 400 余家、京东商店 100 余家，阿里巴巴 1688 电商服务中心大芬站点入驻企业 155 家。①

■ 四、典型文化创意产业园区发展特征

综合以上我国典型文化创意产业园区"因地制宜"的建设和发展，总体呈现以下几个特征：

（一）园区发展具有路径依赖性

我国创意产业首先聚集于大城市或区域中心城市，然后随着大城市周边地区经济的迅猛发展和消费市场的需求扩大，在大城市的辐射作用下创意产业也逐渐扩散到城市周边地区；此外，创意产业园区与当地的产业优势和文化脉搏密不可分，如北京的中关村多媒体创意产业园则依赖于中关村的产业优势，深圳的大芬油画村则是基于当地的油画产业而建设，从而形成创意产业集聚区。

（二）运行机制具有灵活性

目前我国创意产业园区还没有固定统一的发展模式，其中政府主导型园区和企业主导型园区最为普遍，前者主要由政府统一规划、投资、管理，如北京中关村多媒体创意产业园、上海的田子坊。后者则以市场为导

---

① 影子. 疫情之下的"中国油画第一村"，何以捍卫江湖地位？https：//new. qq. com/rain/a/20200727A0BA1S00.

向，自负盈亏，如深圳大芬油画村、OCT‑LOFT 华侨城创意文化园。

（三）投资主体呈现多元化

目前，我国文化创意产业园区投资主体呈现多元趋势。在北京、上海、深圳等地文化创意产业园区建设过程中，不仅有以政府为主体进行投资建设，民营、私营及社会团体等其他多元主体亦参与投资建设文化创意产业园区，而且随着我国鼓励民间资本投资文化产业领域的政策条件不断放宽，民营企业、私营企业投资比例逐年扩大，已经成为我国文化创意产业发展的主力军。

第四节　国外典型文化创意产业园区介绍

目前，国外文化创意产业园区大致可分为以美国为代表的市场主导型模式，以英国、日韩为代表的政府主导模式。美国文化创意产业园区经营特点为在市场引导下，企业作为经营主体，以资本的自由流动为特征，政府不过分参与园区的经营管理和规划建设。例如以剧场的密集和戏剧产业闻名全球的百老汇戏剧产业园区无疑靠的是各部门的协调合作，市场主导的集剧目创作、表演、宣传、投融资、法律服务、人才培训、行业管理为一体的完整体系。作为政府引导型国家，英国、日韩国家对于发展文化创意产业园区建设经营的特点为整合相关政府部门，依据资源禀赋定位园区，并以企业为调动对象，在政府的扶持和当地企业、地方的协调下共同推动文化创意产业园区的运营和管理。

一、美国——百老汇戏剧产业园区

（一）园区基本概况

百老汇位于美国纽约，全长 25 公里，在世界上拥有很高的知名度，同时也是最长的一条街。百老汇大道指的是纽约市重要的南北向道路，南端从巴特里公园开始，由南向北纵贯曼哈顿岛。由于百老汇大道两旁分布着为数众多的剧院，同时也是美国戏剧和音乐剧的重要发扬地，因此，"百老汇"成为音乐剧的代名词。

（二）演艺业集群化发展

美国百老汇的戏剧演艺业能取得今天的成就，成为世界戏剧演艺业的代名词，与它的集群化发展是分不开的。百老汇戏剧产业园区没有直属的政府管理部门，聚集效应带来的产业集聚使得一些组织形成集聚，因此通过百老汇联盟、百老汇协会、百老汇艺术家联盟、演员基金、戏剧联盟等协会组织，对百老汇整条产业链上的各个环节进行切实有效的管理和保护，从而实现健康发展。

（三）节目经纪商、制作商和剧院经营商的分工运营

作为文化艺术产业世界第一大国的美国，并没有专门的政府行政机构分管文化。因而，在美国百老汇的发展中，形成了一种独特的分工管理模式。也正是这种模式使百老汇在获取经济收益以及传播文化等方面做出了重要贡献。这种模式具体而言就是三大主体即经营商、制作商和节目经纪商，三者之间的完美分工和运营管理。剧院经营商一般拥有或者长期租用剧院，并负责剧院的日常工作。开发、创作百老汇节目的公司称为制作商，他们一方面要负责获取所有的创作作品的法律权利包括知识产权等，另一方面要负责筹集资金，监督节目的开发过程，保证节目的成功。节目经纪商则是制作商和剧院经营商之间的中间人。

二、英国——伦敦西区剧院

（一）园区概况

伦敦西区作为世界两大戏剧中心之一，有着与纽约百老汇齐名的美

誉，是表演艺术的国际舞台，也因此成为英国戏剧的代名词。"西区剧院"是伦敦剧院协会的会员管理、拥有或使用的49家剧院的统称，位于商业和娱乐业高度发达的伦敦市中心。根据目前伦敦戏剧协会公布的最新统计数据，2018年全英国剧院总计有6万多场演出，吸引观众3 400万人次，票房收入高达12.8亿英镑（约合112.7亿元人民币），其中伦敦西区贡献了"半壁江山"——观众超过1 550万人次、票房收入7.6亿英镑（约合67亿元人民币）。①

（二）戏剧产业集聚化

伦敦西区在产业布局上形成中心—边缘的圈层结构，同时发挥集聚与扩散的双轮效应，这也是西区戏剧产业成为世界戏剧中心的一个重要基础。伦敦西区有着与百老汇圈层结构类似的戏剧产业格局。49家剧院汇聚于伦敦西区海马克特街（Heymarket）和沙福兹伯里街（Shaftsbury）两个街区，方圆不足1平方公里的范围内，其中有皇家歌剧院、皇家莎士比亚剧院、皇家宫廷剧院等知名剧院。

西区有多个具有特殊职能的相关协会、工会、联盟等配套的专业音乐剧机构。西区剧院大部分处于伦敦剧院协会的管理下，伦敦剧院协会管理着与伦敦剧院相关的制作人、拥有人、经理，这是西区剧院"群聚效应"形成的关键。

（三）多样化的票务营销

通过多样化的票务营销方式，观众可从剧场和互联网渠道购买门票，且享受不定期的优惠票价活动；为了合理满足市场需求，降低风险成本，西区剧院根据票房销售成绩来决定剧目的上演周期；国家级非商业剧院由于获得政府补贴，可以出演传统剧目，如果演出口碑较好可以转入商业性剧院进行演出，从而实现经济效益。

---

① 张代蕾．"脱欧"会否令伦敦西区星光黯淡？［EB/OL］．https：//www.sohu.com/a/307196621_99962390.

■ 三、国外典型文化创意产业园区经验总结

纵观国外发达国家文化创意产业的发展历程，以文化创意园区为代表的文化创意产业的集聚现象已成为一种普遍趋势。事实证明，国外文化创意产业园区建设大致可分为市场主导型和政府主导型两种模式。市场主导型文化创意产业园区的发展多需要较长时间的考验以及相当数量的私人资本积累，如美国百老汇。相反，政府主导型的文化创意产业园区发展模式在直接手段和内部政策上显然更具借鉴意义，也更富操作性，如英国伦敦西区剧院。正因如此，以市场主导型模式为主的美国联邦、州、市政府的政策仍然是扶持文化创意产业发展和园区建设的重要助力，政府在其中更多的是扮演推动者和协调者的角色。

值得注意的是，无论是在政府主导还是在市场主导的文化创意产业园区发展模式中，政府的支持与投入并不是集中在园区内部建设或某些特定产业之中，而是以提升当地文化氛围、培育文化创意人才为主，为文化创意产业园区的持续性发展提供坚实的人才储备，这一特点在英、美这两个国家文化创意产业园区发展中尤为明显。与此相比，我国文化创意产业园区的建设才刚刚起步，经济和文化基础较为薄弱，仍处在文化创意产业园区发展模式的探索当中。在这种情况下，政府投入更应当注意摒弃急功近利的因素，在交通条件、基础设施等硬件建设之外，还应该放宽眼界，从人才培育和文化发展等软件着手提升园区定位与品位。

CHAPTER3

第三章

文化创意产业及产业园区相关政策分析

在工业转移和城市更新的背景下，我国大力发展文化创意产业，由此形成了一批颇具影响力的文化创意产业园区。文化创意产业园区依靠产业集聚带来的优势，逐渐成为推动文化创意产业发展的平台和载体。我国文化创意产业起步较晚，相应的政府配套政策也处于不断完善之中，但从总体上看，与文创园区相关的政策在制订上呈现出由宏观到微观、由产业层面到行业层面发展的趋势。

"文化产业"在政府和政策层面的产生，经历了较为曲折的过程。1992 年 6 月 16 日，中共中央和国务院颁布的《关于加快发展第三产业的决定》中，将"文化卫生事业"纳入"加快发展第三产业的重点"。同年 7 月，由国务院办公厅综合司编著的《重大战略决策——加快发展第三产业》中首次出现"文化产业"的概念。之后，这一概念迅速引起了学术界的探讨，但并未得到普遍的注意。直至 2000 年，"文化产业"的概念及其发展任务和要求才首次在中央正式文件——《中共中央关于制定国民经济和社会发展第十个五年计划的建议》中被正式使用，标志着文化产业的合法性得到了我国政府部门的认可。至此，文化产业的经济性或产业性得以释放，各地区政府纷纷将发展文化产业作为一项重要的工作，这从另一方面也推动了文化产业的多样化发展，催生了诸如文化创意产业等新兴业态的发展。

此后，中央和地方（以北京、上海、深圳等大城市为主）各部门开始大力发展依托于工业建筑的文化创意产业园区，并由此开启了全国范围的文化创意产业园区建设热潮。根据前瞻产业研究院《2017～2022年中国文化创意产业园区域发展模式与产业整体规划研究报告》的数据显示：截至 2016 年末，我国正常运营的文化创意产业园数量达到了2 543 家。此外，还有近万个正在筹建或直接更名的产业园区，全国文化创意产业园建设势头强劲。目前，全国已初步形成六大文化创意产业集群区域，其中以广州、北京、上海等地为代表的珠三角、环渤海和长三角等东部地区为国内创意产业发展的三极。中部地区的湖南、湖北，西部地区的重庆、四川、陕西、云南也具备良好的发展条件和产业基础。

文化创意产业的蓬勃发展离不开政府政策的支撑，本章将分别从全国和北京市两个层面，对文化创意产业主要相关政策进行阐述和分析，厘清文创园区及文创产业在政策引导下的发展历程，以便更好地辅助文创园区的发展和创新生态圈的构建。

第一节　国家文化创意产业相关政策

在我国，"文化产业"与"创意产业"具有密切的关系，无法明确区分，因此本报告采用"文化创意产业"概念，泛指义化、创意及其关联产业。国家文化创意产业政策的制定遵循了由"粗"到"细"、由宏观到微观的政策逻辑。早期政策主要着眼于文化产业的扶持，后期随着文化产业的发展，特别强调了创意产业的重要性，凭借其自身产业属性和特色，在推动文化产业发展、激励创新创业、优化城市更新等方面发挥越来越重要的作用，政府对其制定的相关支持政策也更加聚焦、全面和完善。

一、文化产业政策梳理

文化作为一种重要的软实力，对于国家综合实力的提升、经济的发展等至关重要。我国文化产业起步较晚，相关产业政策的制订基本从 21 世纪开始。

2000 年，《中共中央关于制定国民经济和社会发展第十个五年计划的建议》首次正式提及文化产业，并指出要完善文化产业政策，加强文化市场建设和管理，推动有关文化产业发展。在此基础上，次年发布的《国民经济和社会发展第十个五年计划》再一次提到文化产业，奠定了大力发展文化产业的国家基调。

2002 年 3 月，《政府工作报告》在如何"进一步解决经济发展的结构性矛盾和体制性障碍"时提出要"大力发展旅游业和大力发展文化产业"，首次肯定了发展文化产业在国家经济战略目标中的重要性，消除了在政策解释和执行上的不确定性。

2002 年党的十六大报告首次提到文化产业化，指出建设社会主义文化有两大途径和形态，文化意识形态即文化事业，文化的经济形态即文化产业；明确了文化产业作为文化建设的主体地位；提出了发展文化产业是市场经济条件下满足文化需求的重要途径。

2003 年，文化部出台《关于支持和促进文化产业发展的若干意见》，肯定了发展文化产业对弘扬和培育民族精神，增强中华文化凝聚力、创造力、竞争力的作用，并对我国文化产业的发展现状及其问题进行了总结，指出了发展文化产业的指导思想、发展目标和基本思路，系统地梳理了现阶段我国发展文化产业面临的机遇和挑战，明确了国家在支持和促进文化产业发展方面的决心和相应政策举措，为全民参与文化产业的发展提供了制度和政策保障。

引导和规范非公有资本进入文化产业是充分调动全民参与文化建设、推动文化产业发展的重要途径，也是逐步形成以公有制为主体、多种所有制经济共同发展的文化产业格局的必要步骤。在此背景下，2004 年，《关于鼓励支持非公有制经济发展文化产业的决定》颁布，首次提出"支持民间文化投资"。该决定指出，要充分认识、鼓励、支持和引导非公有制经济发展文化产业的重要意义；放宽市场准入条件，对于法律法规未明确禁止进入的文化产业领域，允许并欢迎非公有制经济进入；同时，努力营造良好的政策环境和市场环境，深化文化体制改革，加强政府职能部门在文化产业发展中的监督和引导作用，为充分发挥非公有制经济在发展文化产业中的作用奠定坚实的基础。

2006年国家"十一五发展规划"纲要首次将文化事业和文化产业分开来论述，指出要以文化产业为抓手，从细分行业层面发力，助推文化产业和文化事业的健康发展。

2007年，文化部发布《关于支持和促进文化产业发展的若干意见》，指出了我国文化产业当时阶段发展现状及面临的问题，明确了指导思想、发展目标和基本思路，阐明了发展文化产业的措施和对文化产业工作的领导。

经济全球化的快速发展推动了中国行业走向国际化，文化产业亦是如此。为进一步加强和改进文化产品和服务出口工作，推动更多优秀文化产品和服务走向国际市场，2007年，文化部发布《关于进一步加强和改进文化产品和服务出口工作的意见》，从国有文化企事业单位改革、文化市场主体培育、非公有制文化企业引导、文化出口品牌培育、文化"走出去"重点工程和活动实施、文化出口渠道和国际营销网络建设、人才培养、组织服务和领导方面推动文化产业走向国际。

2009年，《文化产业振兴规划》中首次将文化产业作为国家战略；2011年《中共中央关于深化文化体制改革、推动社会主义文化大发展大繁荣若干重大问题的决定》首次将文化产业列为国民经济支柱产业；2014年《文化产业发展专项资金管理暂行办法》设立国家文化产业基金，并首次支持800多家文化企业。

2015年文化部《2015年扶持成长型小微文化企业工作方案》出台，围绕实现文化产业成为国民经济支柱性产业的战略目标，落实国家推动文化产业发展、扶持小型微型企业健康发展和推进大众创新创业的政策措施，以优化文化领域创业发展环境为方向，以提升小微文化企业在新常态下的成长能力、激发文化领域创新创业活力、培育一批具有发展潜力的品牌文化企业为重点，通过扎实推进各项工作，为小微文化企业和文化领域创业者送政策、理思路、解难题，营造鼓励创业、尊重创新、包容失败、支持发展的创业成长环境，形成文化领域"大众创业，万众创新"的生动局面。

2016年10月，《关于推动文化文物单位文化创意产品开发的若干意见》出台，标志着国家开始从发掘文化文物单位馆藏文化资源的角度，支持文化创意产业的发展。文物是历史和文化的见证者，开发馆藏文化资源相关的创意产品，不仅有利于弘扬中华优秀文化，传承中华文明，而且有利于推动文化产业的多样化发展，提升国家软实力。

除上述大行业性质的政策外，国家还颁布了一系列针对具体文化领域的扶持政策。以动漫产业为例，2006年，财政部、教育部、科技部、信息产业部、商务部、文化部、税务总局、工商总局、广电总局、新闻出版总署联合发布《关于推动我国动漫产业发展的若干意见》，明确了推动动漫产业发展的指导思想、基本思路和发展目标，在动漫产业的原创、产业链建设、企业发展、国家动漫产业基地建设、动漫"产、学、研"一体发展、人才培养、市场监管和知识产权保护、拓展产业发展空间以及市场秩序方面给予了政策支持。依托现有政策的红利，国产动漫产品的质量和数量均大幅度提升，由此，越来越多的动漫企业和动漫品牌被社会广泛的认可，有力地推动了中国动漫"走出去"的步伐。然而，我国动漫产业的快速发展也面临着一系列问题，如发展现状与人民群众不断增长的精神文化需求还不相适应，与旺盛的市场需求不符，动漫产业在原创能力、人才培养、技术开发、产业链整合、知识产权保护等方面还需要进一步提高。为此，相关部门又针对上述问题制定了一系列扶持政策，涵盖动漫企业认定、减免关税、推动校企联合等方面，如2016年8月，国家新闻出版广电总局、共青团中央决定组织实施2016年"原动力"中国高校动漫出版孵化计划，大力支持和引导优秀原创动漫作品的创作生产，提升动漫相关专业学生和从业者的创新创作能力，挖掘培育高素质原创动漫人才，增强动漫产业发展动力。同年 9 月，为促进动漫产业结构调整和优化升级，推动建设在国内和国际市场具有影响力的原创动漫品牌，培育具有品牌化开发价值的原创动漫创意，文化部文化产业司 2016 年继续组织实施动漫品牌建设和保护计划。

与之类似，对于电影、出版、广告等行业，政府也颁布了一系列扶持措施。可见，政府对于文化产业越来越重视，对文化企业的税收优惠、金融支持、保险支持等方面的政策举措越来越细致、越来越具有针对性，这些政策为引导和推动文化产业的发展奠定了良好的政策基础，具有十分重要的价值。

二、文化（创意）产业园区政策梳理

2006 年，文化部关于《文化建设"十一五"规划》首次提出支持文化创意产业，加强现代艺术的监管。2010 年 10 月，文化部出台《文化部关于加强文化产业园区基地管理、促进文化产业健康发展的通知》，对于文化产业园区、基地发展进程中出现的一些不容忽视的不良倾向，以及一哄而上、盲目发展的问题做出了政策约束和引导，以促进文化产业健康发展。同年 7 月，文化部出台《国家级文化产业示范园区管理办法（试行）》，该办法对国家级文化产业示范园区的申报、建设、管理、考核进行了明确的规定。国家级文化产业示范园区的建设是我国文化产业发展到一定阶段的必然选择，政策扶持能够很好地引导文化产业集聚，起到一定的示范效应，有利于推动文化产业的健康发展。2011 年《国民经济和社会发展第十二个五年规划纲要》要求建设具有地方特色的文化产业基地。2012 年《文化部"十二五"时期文化产业倍增计划》要求创作一批高水平的文化产品，扩大文化领域消费，建设·批高水平的文化产业基地和园区。可见，这一阶段，文创产业及园区建设相关扶持政策经历了从无到有、从宏观到微观的转变。

2014 年 8 月，《关于推动特色文化产业发展的指导意见》出台，对"特色文化产业"的概念进行了界定，指出特色文化产业的要点在于依托各地独特的文化资源，借助一定的途径，如创意转化、科技提升和市场运作等，提供具有鲜明区域特点和民族特色的文化产品和服务的产业形态。发展特色文化产业对深入挖掘和阐发中华优秀传统文化的时代价值，培育和弘扬社会主义核心价值观，优化文化产业布局，推动区域经济社会发展，促进社会和谐，加快经济转型升级和新型城镇化建设，发挥文化育民、乐民、富民作用，均具有重要意义。该意见对文化创意产业的发展起到了一定的带动作用。与此同时，同年颁布的《国务院关于推进文化创意和设计服务与相关产业融合发展的若干意见》要求地方政府必须重视文化产业发展，推动了文创产业从国家到地区层面的大发展、大繁荣。

此外，为深入贯彻落实党的十八大、十八届三中全会和习近平总书记视察北京工作时的重要讲话精神，围绕首都"政治中心、文化中心、国际交往中心、科技创新中心"的城市战略定位，2014年7月31日，文化和旅游部（原文化部）正式批复，以北京市朝阳区CBD—定福庄一带为核心承载区，采取部市战略合作的方式，共同规划建设全国首个国家文化产业创新实验区。该试验区以制度创新为着力点，旨在进一步提升首都文化产业规模化、集约化、专业化发展水平，为服务北京经济社会转型升级、服务京津冀区域协同发展、服务首都"全国文化中心"建设以及全国文化产业创新发展探索路径做出示范。

2016年8月，在总结现有国家级文化产业示范（试验）园区、国家文化产业示范基地建设工作基础上，文化部决定进一步完善国家级文化产业示范园区创建工作，颁布了《文化部办公厅关于进一步完善国家级文化产业示范园区创建工作方案》。本方案所称文化产业园区，是以文化产业为主导产业，集聚了一定数量的文化企业，具备一定的产业规模，并具有独立的运营管理机构，为文化企业集聚发展、资源集约利用提供相应的基础设施保障和公共服务的特定区域。该方案指出，建设示范园区是提高文化产业规模化、集约化、专业化水平的重要举措。产业集聚度高、发展特色鲜明、创新能力突出、配套服务完善、社会效益和经济效益显著的示范园区具有辐射带动作用，有利于引导和规范各级各类文化产业园区健康发展。

2017 年 2 月印发的《文化部"十三五"时期文化发展改革规划》指出，要致力于实现文化产业成为国民经济支柱产业的目标。因此，要建设一批具有示范带动效应的重点文化产业项目，培育一批具有集聚功能和辐射作用的国家级文化产业园区。努力构建现代公共文化服务体系。此外，该规划还在中小微文化企业发展、文化产业园区建设方面提出了新的要求和帮扶措施。

在中小微文化企业发展方面：要支持中小微文化企业发展。着力推动文化产业发展与"大众创业、万众创新"紧密结合，扶持文化领域创新创业，支持"专、精、特、新"中小微文化企业发展。鼓励社会各方面参与文化领域创新创业。支持文化企业孵化器、众创空间、公共服务平台建设，为文化领域创新创业和中小微文化企业发展提供生产经营场地和信息咨询、投融资、知识产权等各项服务。鼓励互联网创业平台、交易平台等新型创业载体发展，拓宽中小微文化企业创业发展渠道。加强对中小微文化企业经营管理的培训和辅导。

在文化产业园区建设方面：加强对各级各类文化产业园区的规范管理，各产业园区要突出各自的文化内涵、主导业态，相关部门要努力引导园区走向特色发展、融合发展、创新发展的道路，防止盲目投入和低水平、同质化建设。此外，要进一步完善国家级文化产业示范园区创建工作，提升国家级文化产业园区的引领示范效应。推进国家文化产业创新实验区、国家动漫产业综合示范园建设，形成面向区域和行业发展的协同创新中心。严格国家级文化产业园区命名标准，建立文化产业园区评价指标体系和评估机制，强化动态管理，完善退出机制。支持地方合理规划，建设特色文化产业园区。

第二节　北京市文化创意产业及园区相关政策

相比于国家层面对文化创意产业的政策支持，北京市的政策支持更细致和微观。北京作为全国的文化中心，其文化创意产业的发展领先于国内其他城市，从提出发展文化创意产业至今，出台了一系列产业支持政策，涵盖了园区认定和管理、园区建设发展规划、金融、担保、产业融合发展、关税优惠、知识产权保护、创业投资、科技成果转化、公共服务等方面，形成了较为完善的政策支持体系。以下将从文化创意产业发展、规划及转型，资金和金融支持，文化创意产业园区发展和规划三个方面进行政策梳理。

一、文化创意产业发展、规划及转型方面

2006 年 11 月，中共北京市委宣传部、北京市发展和改革委员会联合发布了《北京市促进文化创意产业发展的若干政策》，从市场准入、创意研发、知识产权保护、资金支持、市场需求、资源配置、人才培养和组织统筹八个方面，就北京市如何推动文化创意产业的发展给出了政策支撑。

2010 年 11 月，中共北京市委办公厅印发《关于大力推动首都功能核心区文化发展的意见》，意见第五项明确指出，要引领文化创意产业走向高端。以北京市丰富的历史文化资源为依托，充分发挥北京在国际交流、科技、信息、人文等方面的天然优势，充分利用市场机制，积极推动文化创意产业发展。重点发展与北京的核心区功能相适应，与传承历史文化、体现地区特色相一致的高端文化创意产业。此外，要在巩固发展传统优势行业的同时，积极创新文化业态，增强产业内和产业间的融合，优化产业结构，提升发展质量和水平。科学规划产业空间布局，综合考虑文化创意产业发展与核心区的产业结构调整、文化功能街区建设、古都风貌保护等活动，致力于建设一批具有国内和国际影响力的文化创意产业集聚区。

2015 年 4 月，为推动文创产业与其他行业的融合发展，北京市发布《北京市推进文化创意和设计服务与相关产业融合发展行动计划（2015～2020 年）》。为推动首都经济转型升级和构建"高精尖"产业结构，该计划提出了文化创意产业"十大融合发展行动"，致力于构建"文化创意＋"经济发展新模式，推动文化创意和设计服务融合发展，促进相关产业转型升级。

2016 年 7 月，《北京市"十三五"时期文化创意产业发展规划》（以下简称《规划》）进一步指出，文化创意产业是北京的重要支柱性产业。发展文化创意产业具有重要意义，具体体现在首都城市战略新定位的落实、非首都功能疏解的进一步推进、"高精尖"经济结构的构建、国际一流的和谐宜居之都的建设等方面。该规划明确提出要优化文化创意产业发展布局，具体工作包括促进全市文化创意产业差异化、特色化发展，推进重点文化创意产业功能区建设，加强市级文化创意产业示范园区建设，推动京津冀区域协同发展；同时，要建设"高精尖"文化创意产业体系，激发传统行业活力，不断壮大优势行业，深入推进文化创意产业融合发展。

在此基础上，为加快北京市文化创意产业转型升级，助力全国文化中心建设和构建高精尖经济结构，《北京市文化创意产业发展指导目录（2016 年版）》（2016 年 10 月）和《关于推进文化创意产业创新发展的意见》（2018 年 6 月）相继颁布，旨在进一步强调要优化构建高端产业体系，聚焦创意设计、媒体融合、广播影视、出版发行、动漫游戏、演艺娱乐、文博非遗、艺术品交易及文创智库建设；组织实施产业促进行动，包括文化空间拓展、重点企业扶持、重大项目引导、文化消费提升、文化贸易促进、文化金融创新、文创品牌集成、服务平台共享、文创人才兴业，并在工作机制、政策体系、资金用地保障方面明确了保障措施。

北京是全国影视创意策划、制作生产、宣推发行、传播交流和装备制造的中心。繁荣发展影视业及相关产业，对于加快建设全国文化中心和中国特色社会主义先进文化之都具有重要意义。为加快推动北京影视业向"高精尖"转型升级，进一步促进影视业繁荣发展，2019 年 2 月 1 日，中共北京市委办公厅、北京市人民政府办公厅联合印发《关于推动北京影视业繁荣发展的实施意见》，明确指出要深化影视业文化和科技的融合，推动文化领域"投贷奖"投融资全过程联动衔接，强化 IP（知识产权）产业链的软环境，打造具有国际影响力的影视园区品牌。加大金融对影视业发展的支持力度，充分利用北京影视消费市场，挖掘潜力，完善相应的保障和监督措施。与此类似的针对特定文创领域的产业发展扶持政策还包括 2009 年的《北京市动漫企业认定管理工作实施方案》、2010 年的《北京市促进设计产业发展的指导意见》等。

二、资金和金融支持方面

产业政策是政府为实现一定的经济和社会目的，以本国产业为对象而实施的各种宏观经济干预政策和措施的总和，而资金和金融支持是比较常见的产业扶持政策。北京市通过资金和金融支持对文创产业进行扶持的政策较多，包括 2008 年 4 月的《北京市文化创意产业贷款贴息管理办法（试行）》，2009 年的《北京市文化创意产业担保资金管理办法（试行）》《关于金融支持首都文化创意产业发展的指导意见》《北京市文化创意产业创业投资引导基金管理暂行办法》，2012 年的《北京市文化创新发展专项资金管理办法（试行）》，以及 2016 年北京市国有文化资产监督管理办公室发布的一系列文化创意产业发展专项资金实施文件（包括《北京市文化创意产业发展专项资金项目补助实施细则（试行）》《北京市文化创意产业发展专项资金文化创意产业孵化器奖励实施细则（试行）》《北京市文化创意产业发展专项资金项目贴保实施细则（试行）》《北京市文化创意产业发展专项资金项目贴租实施细则（试行）》《北京市文化创意产业发展专项资金项目贷款贴息实施细则（试行）》《北京市文化创意产业发展专项资金项目奖励实施细则（试行）》《北京市文化创意产业发展专项资金项目补助实施细则（试行）》《北京市文化创意产业发展专项资金文化创意企业上市、挂牌和并购奖励实施细则（试行）》），分别对符合条件的文化创意企业进行补助，范围涵盖文化创意产业孵化器奖励、项目贴保、贴租、贷款贴息、项目奖励、项目补助以及企业上市、挂牌和并购，并明确了申请文化创意产业各项奖励和补助的条件及所需材料。这一系列文件对北京市文化创意企业的创业、成长、成熟阶段均给予了财政上的补助，充分调动了文化创意产业的发展活力及从业人员的积极性，为文化创意企业由小变大、由弱变强提供了政策激励。

■ 三、文化创意产业园区发展和规划方面

为引导和支持文化创意产业集聚区（以下简称"集聚区"）健康快速发展，北京市实行集聚区认定制度。文化创意产业集聚区是指集聚了一定数量的文化创意企业，具有一定的产业规模，具备自主创意研发能力，并具有专门的服务机构和公共服务平台，能够为文化创意企业提供相应的基础设施保障和公共服务的区域。2006 年 9 月 26 日，北京市发展和改革委员会颁布《北京市文化创意产业集聚区认定和管理办法（试行）》，明确了集聚区的认定原则、认定条件、认定程序以及管理办法，为以后文创园区的发展奠定了基础。

随着首都城市的发展和产业的变革，以工业生产制造为主的城市逐渐成为历史，有效保护和利用遗留下来的工业资源，不仅有利于保留和传承北京工业发展的历史，丰富北京城市的历史文化积淀，也有利于挖掘工业遗产的新价值，赋予陈旧的工业遗产以新的生命，同时为轻资产的文化创意产业发展提供空间，有力地带动新旧产业的置换，实现产业结构的转换和升级。在此背景下，政府开始关注以工业遗址等为依托的文创产业园区的认定和发展情况。

2007 年 10 月 15 日，北京工业促进局印发《北京市保护利用工业资源发展文化创意产业指导意见》，明确指出了利用工业资源发展文化创意产业的意义、原则和推进措施，为基于工业资源的文创产业园区的发展奠定了坚实的政策基础和支撑体系。

2014 年，北京市人民政府颁布《北京市文化创意产业功能区建设发展规划（2014～2020 年）》，明确了依托北京市的全国文化中心定位，加快建设中国特色社会主义先进文化之都的宏伟目标。

2016 年，《北京市"十三五"时期文化创意产业发展规划》指出，要加强市级文化创意产业示范园区建设。在产业园区发展模式优化方面大做文章，努力构建以中国出版创意产业园、清华科技园、星光影视园、莱锦文化创意产业园等为代表的产业特色鲜明、产业链协作良好、服务体系完

善、管理运营规范、运营效益明显、示范带动作用较强的市级文化创意产业示范园区，实现典型引路、高端示范，进一步提升文化创意产业发展质量和内涵。

2018年1月，北京市人民政府办公厅印发《关于保护利用老旧厂房拓展文化空间的指导意见》（以下简称《意见》）。《意见》指出，在保护利用好老旧厂房的同时，充分挖掘其文化内涵和再生价值，兴办公共文化设施，不仅有利于为文化创意产业提供发展空间，更有利于打造历史与现代融合的新型城市文化空间，提升城市文化品质，推动城市风貌提升和产业升级，增强城市活力和竞争力。因此，要秉承保护利用的态度，扎实做好保护利用基础工作，完善保护利用相关政策，健全保障措施。同年，《关于加快市级文化创意产业示范园区建设发展的意见》又进一步明确了文创示范园区的总体定位、建设目标及政策支持，其中政策支持涵盖示范园区优化提升园区硬件设施、为文化企业提供公共服务、培育和引进骨干文化企业、开展文化金融服务、文创人才服务、开展品牌建设及推广活动；提升运营管理水平；健全园区管理机制。

2018年6月，《关于推动北京市文化文物单位文化创意产品开发试点工作的实施意见》，进一步对文化创意产品的开发、营销、体制机制创新指明了方向和举措。北京拥有悠久的历史和丰厚的文化底蕴，为文化创意类景观、文物的开发提供了优越的条件，这一政策正是深入发掘激活北京市文化文物单位馆藏文化资源，加强文物保护利用和文化遗产保护传承，健全现代文化产业体系和市场体系，促进文化创意产业发展的重要支撑。以故宫为例，基于故宫文化主题的各种文化创意产品的"大火"正是这一政策有效性的重要证据。

2019年1月，为深入贯彻落实习近平新时代中国特色社会主义思想和党的十九大精神，深入贯彻习近平总书记北京重要讲话精神，围绕首都城市战略定位，认真落实新版北京城市总体规划，北京市朝阳区出台促进国家文创实验区高质量发展"政策50条"。这50条政策涵盖品牌提升、精品园区、旗舰企业、文化科技融合、信用体系建设、文化金融服务平台、风投奖励、上市融资、四板奖励、文化贸易、孵化创新、人才服务、公共服务平台、知识产权服务以及文化保税十五个方面，基于文创产业和园区生态发展的视角，细致而又全面地对文创园区的发展和壮大提供了政策支持。

此外，北京在知识产权、科技成果转化、公共服务、海关等层面也制定了相应的扶持政策。如北京海关 2006 年 12 月 20 日公布《北京海关支持北京市文化创意产业发展的若干措施》，明确其在通关服务、沟通协调、产业国际贸易、知识产权保护、人才引进，以及支持、推动北京影视产业、音像制品产业发展等方面助推北京市文化创意产业的发展。

其余政策可通过各政府网站查询，在此不再赘述。

第三节　突发疫情下文创政策的比较研究

2020 年初新冠肺炎疫情发生以来，文化企业在展现责任与担当，响应国家号召的同时，部分企业陷入经营困境。比如，北京有 260 家电影院停业、5 329 场计划中的演出取消、372 个文化馆站室关闭、183 家博物馆关闭……基于此，国家、各地市相继出台扶持政策，助推疫情下的文化企业健康发展。比如，北京市文化改革和发展领导小组于 2020 年 2 月 19 日发布了《关于应对新冠肺炎疫情影响促进文化企业健康发展的若干措施》（简称 28 条）；江西省文旅厅出台了支持文化和旅游企业的"10 条措施"，陕西省委宣传部出台了支持文化企业健康发展的"19 条意见"，上海市委宣传部提出服务文化企业健康发展的"20 条措施"，浙江省文化和旅游厅提出了支持文化和旅游企业稳定发展的"9 项措施"等。此外，天津市、重庆市、山东省、安徽省、广东省、海南省等地还出台了针对中小企业的扶持政策；中国人民银行、财政部、文化与旅游部也有相关政策出台，支持文化企业或中小企业健康发展（见表 3 - 1）。

表 3 – 1　　　　　　各地疫情期间有关文旅企业支持政策列表

主体	文件名称	相关内容
北京文化改革和发展领导小组	《关于应对新冠肺炎疫情影响促进文化企业健康发展的若干措施》（简称"28条"）	28条措施从凝聚共克时艰强大合力、保障精品内容创作生产、培育产业发展全新动能、加大金融服务支持力度、优化提升政务服务水平等方面出台相关扶持政策
上海市委宣传部	《全力支持服务本市文化企业疫情防控平稳健康发展的若干政策措施》（简称"20条"）	20条措施主要包括以下内容：积极营造抗疫防疫文化氛围；多渠道多举措强化疫情防控宣传；全面贯彻落实本市疫情防控政策措施；强化文化政策扶持力度；制定便企措施；加快推进文化金融服务；培育支持新技术新业态发展；优化文化产业服务体系
陕西省委宣传部	《关于坚决打赢疫情防控阻击战，支持文化企业健康发展的实施意见》	实施意见从减轻企业税费负担、强化金融支持、加大财政补贴力度、支持企业用人稳岗、强化公共就业服务、支持文化企业转型升级等方面落实政策措施
江西省文旅厅	《关于应对新冠肺炎疫情支持文化和旅游企业共渡难关的10条措施》	针对文旅企业，从暂退旅行社保证金、加大对企业的金融支持、鼓励申请创业担保贷款、支持减免企业租金、落实税收优惠政策、延长办理社保业务期限、加大宣传营销力度、激发市场消费潜力、支持智慧旅游建设等方面制定措施
浙江省文化和旅游厅	《浙江省文化和旅游厅关于全力支持文化和旅游企业战胜疫情稳定发展的通知》	九项措施包括以下内容：用好税收减免政策；用好费用减免政策；用好金融支持政策；用好社保支持政策；用好劳资支持政策；用好旅游服务质量保证金暂退政策；用好文化和旅游发展资金；用好文化和旅游消费提振措施；用好"三服务"惠企帮扶机制
四川省文化和旅游厅	《关于支持文旅企业做好疫情防控有序复工复产的十条措施》	十条措施包括以下内容：积极宣传落实企业扶持政策；积极研究相关支持政策；协调解决企业融资困难；优化文化旅游行政审批服务；暂退部分旅游质量保证金；协调解决矛盾纠纷和账款拖欠问题；加强线上培训和线上服务；加强企业复工复产指导服务；加大宣传推广力度；激发文旅市场消费潜力
河南省文化和旅游厅	《关于支持文化和旅游企业战胜疫情稳定发展的通知》	八项措施包括以下内容：暂退旅行社质保金；用足财税帮扶政策；争取社保缴费和稳岗补贴；用好金融支持政策；切实减轻企业负担；提前做好宣传和推介工作；有序推动重大建设项目复工复产；谋划好疫后的文化和旅游服务

续表

主体	文件名称	相关内容
河北省文化和旅游厅	《关于有效应对疫情支持全省文旅企业发展的十条政策措施》	十条措施包括以下内容：加大资金扶持力度；实施减税降费；强化金融政策支持；降低企业运营成本；积极促进稳岗就业；支持完善基础设施和公共服务体系；加快建设重点文旅项目；支持文旅企业提质升级和产品创新；加大政府购买公共服务支持力度；加强旅游市场宣传营销
湖南省文化和旅游厅、省财政厅	《关于支持文化和旅游业战疫情促发展的若干措施》	主要从设立惠企纾困专项资金、加快入境旅游市场恢复振兴、不断完善文化和旅游公共服务体系、加强"互联网＋文旅"方面制定措施
贵州省文化和旅游厅	《帮助企业复工复产十条措施》	十条措施包括以下内容：用好人事劳资支持政策；用好产业建设用地政策；用好房屋优惠政策；用好税收减免政策；用好资金支持政策；用好降费支持政策；用好电气费减免政策；用好宣传营销支持政策；成立厅服务企业督导工作专班；搭建线上线下服务企业平台
辽宁省人民政府	《辽宁省支持文化和旅游企业共渡难关若干政策措施》	具体包括以下内容：落实相关扶持政策措施；加大财政支持力度；加强金融政策支持；推进重点项目加快建设；支持开发新业态、新产品；支持企业开源节流；加快制定促进消费提振措施；协助解决文旅消费中的法律纠纷；统筹做好市场宣传营销；加快企业优化结构提升品质；优化提升政务服务水平
中国人民银行、财政部、银保监会、证监会、国家外汇管理局	《关于进一步强化金融支持防控新型冠状病毒感染肺炎疫情的通知》（银发〔2020〕29号）	对受疫情影响较大的批发零售、住宿餐饮、物流运输、文化旅游等行业，以及有发展前景但受疫情影响暂遇困难的企业，特别是小微企业，不得盲目抽贷、断贷、压贷。对受疫情影响严重的企业到期还款困难的，可予以展期或续贷
文化和旅游部	应对疫情，推出在线公共文化和旅游服务	"在线公共文化服务"汇聚四项热点线上文化服务，公众可以在线观看全国博物馆线上展览，参观国家博物馆30多个虚拟展厅，查询故宫博物院文物信息，参加国家图书馆线上线下结合的公开课

主体	文件名称	相关内容
天津市	《天津市支持中小企业高质量发展的若干政策》（津中小企组〔2020〕1号）	推动符合法律法规和政策规定的权属明晰、取得产权证书或证明权证的各类不动产、动产、知识产权及其他财产权利，可用于银行、保险、融资担保、小额贷款、民间融资等机构的抵（质）押物，凡需要办理抵押权、质押权登记的，市相关部门应给予登记。支持中小微企业应收账款融资。利用人民银行征信中心应收账款融资服务平台，鼓励应收账款较多的供应链核心企业与平台进行系统对接，逐步实行供应链核心企业名单制，推动供应链核心企业支持中小微企业应收账款融资
重庆市	《关于应对新型冠状病毒感染的肺炎疫情　支持中小企业共渡难关的二十条政策措施》	20条措施从优化政务服务、减轻企业负担、加大资金支持等方面保障中小企业正常运营
山东省	《关于应对新型冠状病毒感染的肺炎疫情　支持中小企业平稳健康发展的若干意见》	从强化金融支持、减轻税费负担、降低运营成本、加大稳岗力度等方面来保障中小企业的正常运营
安徽省	《关于应对新型冠状病毒感染的肺炎疫情　鼓励中小企业持续发展的若干意见》	对受疫情影响较大的批发零售、住宿餐饮、物流运输、文化旅游等行业，以及有发展前景但受疫情影响暂遇困难的企业，不得盲目抽贷、断贷、压贷
广东省	《关于强化落实税务政策坚决打赢疫情防控阻击战的通知》	对受疫情影响较大的餐饮、酒店企业和其他未能及时充分复工复产的企业，结合实际情况，及时辅导落实好小微企业普惠性减税等政策
海南省	《海南省应对新型冠状病毒感染的肺炎疫情　支持中小企业共渡难关的八条措施》	从减免房屋租金、减轻税费负担、强化金融支持等方面支持和保障中小企业运营

各地扶持文化企业和中小企业的政策有很多共性举措，也有个性化政策。从共性举措来看，主要的方面有资金扶持、减税降费、金融服务、功能升级；而在个性化政策方面，尤其体现在结合当地产业特点的金融举措，具体包括文化金融产品创新、文旅金融对接、财政补贴创新、产品与组织创新、融资服务创新等。

一、共性举措

（一）加大资金扶持力度

对受疫情影响较大的文化企业加大资金扶持力度。北京对于在 2020 年春节期间受疫情影响未能如期上映的京产影片给予一次性宣传发行补贴，对 2020 年春节前后处于集中创作期，受疫情影响而暂停的重点项目给予创作制作特殊补贴；陕西省通过加大省级文化产业发展专项资金的扶持力度，调整 2020 年专项资金扶持方向，帮助受疫情影响较大的新闻出版发行、广播电视电影、文化旅游、休闲娱乐、演艺等行业渡过难关；湖南省从省级文化和旅游专项资金中统筹安排 2 亿元，对受疫情影响较重的文化和旅游业，给予有针对性的支持。

（二）实施减税降费，切实减轻企业负担

各地对受疫情影响较大的企业，一是可以争取房租减免或给予一定补贴。二是可申请缓缴养老保险、失业保险和工伤保险费，缓缴期限最长 6 个月。缓缴期间免收滞纳金，职工依法享受社会保险待遇。缓缴期满后，企业足额补缴缓缴的社会保险费，不影响参保人员个人权益。三是对确有特殊困难而不能按期缴纳税款的企业可依法申请办理延期缴纳税款等措施。陕西省还对受疫情影响较大的企业免征水利建设基金和残疾人就业保障金，对因疫情导致企业发生重大损失，正常生产经营受到重大影响，缴纳房产税、城镇土地使用税确有困难的可申请减免。

（三）加大金融服务支持力度

各地对因受疫情影响经营暂时出现困难但有发展前景的文化企业采取一系列帮扶措施，一是不抽贷、不断贷、不压贷，为相关企业做好续贷服务，努力做到应续尽续、能续快续；二是鼓励各银行业机构力所能及地为受疫情影响较大的小微企业适当下调贷款利率，减免利息、罚息和手续

费，降低文化类小微企业融资成本；三是创新文化金融服务产品，搭建文化金融服务平台，主动对接文化企业融资需求，加快文化金融产品创新，建立金融服务绿色通道，加快审批流程（上海市）。

（四）培育产业发展全新动能

一是加强"互联网＋文旅"；因地制宜，指导文博场馆、文化娱乐场所以及旅游景区、旅行社等在休整期加强标准化、数字化建设，加快实现文旅产业数字化转型（湖南省、江西省等）。

二是提升产品和服务品质。鼓励支持引导文旅企业围绕高质量发展，大力进行产品改造和服务升级，不断提高产品的文化含量、生态含量和科技含量。积极引导文旅企业大力开发康养旅游、生态旅游、科技旅游、文化演艺等"旅游＋""文化＋"新产品、新业态，大力开发地方特色的文创和旅游商品，丰富优化供给，扩大文旅消费，提升综合效益（河北省、四川省、浙江省等）。

三是深化文化科技融合发展。鼓励文化企业充分利用互联网、物联网、大数据、云计算、人工智能、区块链、移动通信等新科技，培育壮大电子竞技、数字动漫、在线旅游、智慧传媒、数字文博等新业态，支持一批高成长创新型中小文化企业（上海市、北京市、陕西省、辽宁省等）。

四是探索文化消费新业态。鼓励文化企业推动文化消费线上线下融合创新，探索文化消费产品多渠道发布、多网络分发、多终端呈现，鼓励开发新型文化消费金融服务模式，支持文化消费新业态发展（上海市、江西省）。

■ 二、特色举措

各地受疫情影响的文化企业类型不同，且本地文化产业特点不同，因此各地出台的扶持政策亦各有千秋。比如江西、四川、河南出台的暂退旅行社保证金措施，在上海等其他各地没有涉及。其他特色措施如下：

创新文化金融服务产品。上海加快文化金融产品创新，积极开发知识产权、应收账款等质押融资产品，尽快推出"文创保—影视贷"等专项产品；支持商业银行根据文化企业不同发展阶段和金融需求特点，有效衔接信贷业务与结算业务、国际业务、投行业务，有效整合银行公司业务、零售业务、资产负债业务与中间业务。山东积极加大融资租赁、产业链融资、并购融资、订单融资、无形资产抵质押贷款和投资银行等金融产品和综合性金融扶持方式，如青岛市积极构建文化创意产业金融服务平台，青岛银行设立了青岛文创支行，组建专业服务团队解决企业融资难题。

推动适合文化企业特点的保险产品。上海支持履约保证保险、信用保险、出口信用保险等保险产品发展，支持开展艺术品、会展、演艺、影视、动漫游戏等文化产业保险。探索开展无形资产抵质押贷款业务和知识产权保险业务。探索建立适合电影产业发展现状和特点的影视完片担保、影视完工保险等创新业务模式。鼓励投资基金、保险等机构联合采取投资企业股权、债券、债权计划、资产支持计划等多种形式为文化企业提供综合性金融服务。探索设立文化融资租赁公司。

文旅融资创新。四川省支持省农信社、省工行、省农行等尽快设立13家文旅支行，面向文旅中小微企业创新金融产品。协调各类文旅产业基金与优质项目对接。推动一批文旅项目的并购和重组。

财政专项引领。发挥财政专项资金等政策性资金的撬动和引领作用。改变传统补贴方式，重点实施以奖代补，重点对自有资金为主投资的文化产业项目给予补助；对已获得银行支持和扶持的文化项目进行财政贴息；对于重点文化企业、重大文化产业项目进入省外及国际市场的，以及引进国外重大文化产业项目等给予奖励，积极鼓励支持文化企业"走出去"。

建立健全无形资产评估、登记、流转体系。健全知识产权保护机制，加大对各类侵权行为的打击力度，维护正常的文化市场竞争和交易秩序。建立互联网文化企业的版权受益人保护机制。抓紧制定完善包括著作权在内的无形资产评估、登记、流转和托管等管理办法，培育规范高效的流转市场，消除金融机构为文化企业提供融资支持的制度障碍。

疏通间接融资渠道，加快文化产业投融资平台建设。山东省文旅厅提出研究制定知识产权、文化品牌等无形资产的评估、质押、登记、托管、投资、流转和变现的一系列管理办法，完善无形资产和收益权抵（质）押权登记公示制度。鼓励市、区设立文化产业投资基金，支持骨干文化企业或其他大型企业、优质企业设立文化投资公司、文化财务公司、文化小额贷款公司，建立众筹平台、版权等无形资产评估、确权、交易平台等专业平台，发起设立或参股文化创投基金、私募股权基金、并购基金、担保基金和行业发展基金。鼓励各类社会资本发展文化产业。

■ 三、北京市文创行业供应链金融的应用性建议

北京市在深入和充分的调研基础上，找准企业难点痛点，广泛征求意见，打破政策壁垒，针对性提出解决措施。例如按文化企业规模分类制定支持措施，对龙头文化企业实施"一企一策"；对大中型文化企业，通过"投贷奖"政策降低企业融资成本；对小微、初创型文化企业，通过"房租通"政策降低企业经营成本，以此形成文化企业全生命周期的政策闭环，全面优化首都文化企业营商环境。当然，其他省区的支持政策仍有可供北京借鉴的地方，如供应链金融产品。

金融支持是发展文创产业的首选手段，供应链金融是近年来一种创新模式，已被广泛应用于中小科技型企业、制造型企业、高新技术企业等，已经能够证明其对于缓解企业所面临的融资约束程度发挥了积极作用。纵观各地举措，在传统金融产品和服务的基础上，不断涌现创新服务，上海、天津、山东等地已经把供应链金融（应收账款质押融资、产业链融资等）纳入政策体系。例如上海市委推出"文创保—影视贷"等专项产品，积极建立适合电影产业发展现状和特点的影视完片担保、影视完工保险等创新业务模式；天津市积极推动供应链核心企业支持中小微企业应收账款融资，并引导银行类金融机构改变简单的信贷业务支持，逐步加大产业链融资、无形资产抵质押贷款等金融产品和综合性金融扶持力度。但北京市文化改革和发展领导小组在助力文化企业可持续健康发展的 28 条举措中，未涉及产业链融资、应收账款融资等与供应链金融相关的内容。

课题组前期研究以我国沪深 A 股上市的文创企业为样本，利用 2012 ～

2018 年面板数据进行的实证检验发现，我国文创企业普遍存在融资约束问题；供应链金融可以通过改善银企之间信息不对称、提升文创企业资信水平及降低银企交易成本等方式提高银行放贷积极性，显著缓解文创企业融资约束。同时，针对北京市文创核心企业、供应链企业、商业银行（金融机构）三个层面设计调查问卷进行的实证研究表明，文创企业的管理者认知和网络能力、与核心企业的关系质量、文化相容性对供应链融资具有正向促进作用，产业政策对供应链融资具有调节作用。据此，我们认为北京文创产业领域的供应链金融做得不够，应该从以下三个方面加强工作。

（一）政府部门的积极引导和推动十分重要

作为全国文化中心的北京，应在政策层面加强金融支持模式方面的创新引导，协调产业主管部门、各区政府、金融机构、文创园区等，主动对接中小文化企业融资需求，积极开发知识产权、应收账款等质押融资产品，缓解中小文化企业融资约束问题，助推文化企业可持续健康发展。

（二）金融机构适应企业需求，主动作为

金融机构的创新有一定的成本，但也能创造更好的发展空间。北京银行很早就创新设立文创金融事业总部和文创专营支行，设立专门的供应链金融服务部门，积极探索"文化 IP 通"等系列产品；浦发银行与爱奇艺合作推出供应链金融服务，对爱奇艺网络电影合作方（小微企业）提供信用融资支持，按周融资、无担保、无额外费用，在线提款，真正满足小微文创企业灵活、机动、小额等多方面的经营需求。期望更多的金融机构加入服务小微文创企业融资需求行列中，依托北京市较多的文化总部企业优势，加强供应链金融产品创新服务，构建更健康的文化产业生态环境。

（三）文创企业加强供应链合作，主动建构健康的供应链网络

无论是疫情期间还是处于正常经营状态，文创企业都需要提高对供应链金融的认知与应用能力。核心企业基于战略发展考虑和社会责任感，主动维护和提升供应链质量，在打造产业生态方面发挥核心作用；小微企业积极靠拢核心企业，通过诚信、优质经营收获供应链信任，主动维护与核心企业的网络关系。

总之，在科技领域和其他区域的文创领域，供应链已经有很好的实践模式，北京文创领域的供应链金融应该积极借鉴和引入，为小微文创企业提供一种新的更有效的融资方式，助推文创产业健康发展。

第四节　文创园区相关政策述评

综上所述，从 2005 年起，北京市就已经把发展文化创意产业作为一项增强自主创新能力和建设创新型城市的重要战略决策。近些年，借助相关政策的红利，文创产业发展势头强劲，产业结构得到进一步优化，证明了产业政策在国家宏观调控方面的作用。但是，从长远看，以政策作为主要的产业发展调控手段，也存在着很大的不足。

首先，随着文创产业的发展，国家和各地区均出台了一系列针对文创产业和园区发展的扶持政策。这些政策有宏观性政策、行业性政策、专项政策及相关实施办法，还有区域性政府机构颁布的配套产业政策文件等。一方面，这些不同级别、不同层次的政策在具体内容上存在重复或冲突的现象；另一方面，各地方由于经济发展水平不同，在文创产业及园区建设方面投入的资金等其他扶持措施的力度有所不同，这容易导致先发地区在文创产业相关人才引进方面具有更大的优势。

其次，文化创意产业相关政策的法制化问题也一直备受企业和学术界的关注。文化创意产业相关政策的法制化是赋予政策以法的效力，将相对成熟的政策上升到法律（包括地方性法规和地方政府规章）的层次，使其具有较高的法律效力，以提升其执行力度和效果。文化创意产业的很多行业具有一定的特殊性，一般性的政策无法很好地保障文创产业从业人员的合法权益。以服装设计版权为例，由于此项版权的特殊性，其他人员很容易通过微调原创企业的设计，而逃避侵权该有的法律制裁。而国家或地方层面对于此类文创产业的知识产权保护力度不够，因此，相关部门应加强对知识产权的保护力度，为文化创意产业的健康发展提供优良的社会环境。

最后，文创产业园区是文创企业的集聚地。现阶段，加快文创产业园转型升级，推进文创产业集聚发展是新时期文创产业发展面临的重要问题。产业园区带动是文创产业的主要发展模式之一。然而，从上述政策梳理可以看出，国家层面针对文创园区的相关扶持政策较少，北京市虽然出台了一系列扶持政策，对北京市文创园区的建设起到了一定的帮助，但这些政策仍不够系统和全面，如园区土地资产权属问题、不同园区间的产业协同问题等，仍待解决。

综上所述，文创园区创新生态圈是一个多主体、多部门为了共同的利益目标，在动态环境中所形成的有机共同体。从大力发展文化产业至今，国家和北京市层面均出台了一系列扶持政策，加速文化产业，尤其是文化创意产业的发展，以落实北京全国文化中心的政治定位。从当前阶段来看，北京市文化创意产业的发展在全国处于领先地位，因此，深入分析北京市文创园区创新生态圈的形成机制和演化路径，梳理文化创意产业相关政策措施，对于其他地区文创产业的发展和文创园区的建设具有一定的参考价值。

CHAPTER4

第四章　北京市文化创意产业园区发展现状

第一节　北京市文化创意产业园区发展概况

北京市文化创意产业园区早期起步主要集中在中心城区，其发展或是依托历史文化资源，或依靠雄厚的产业基础，或利用旧工厂、旧仓库空间。随着全社会对文化产业的关注，各类文化创意空间开始如雨后春笋般涌现，逐渐扩展到全域。当前，文化创意产业的发展趋于冷静和理性，集聚园区开始从量的攀升向质的跨越转变，一些稍有影响的文化创意空间陆续在选择与被选择的过程中，呈现出新的分布特征。在中心城区，如传统街区、CBD等地带，主要集聚了演艺、传媒、广告等行业的高端部分。城市边缘区或是发展新区，则主要吸引了原创艺术、信息服务的专业化中心、文化创意产业生产环节以及会展部分。

当前北京市文化创意产业园区拥有比较合理的空间结构布局，已初步形成产业园区集聚效应。在空间结构上，北京市文化创意产业发展已形成以CBD为核心，以国家文化产业创新试验区为主轴，以奥林匹克公园文化体育为融合功能区、大山子时尚创意产业功能区、潘家园古玩艺术交易功能区等重点文化创意产业功能区和若干文化创意产业园的布局。邵坚宁、李国江（2019）概括了北京市文化创意产业园区发展的 5 个特点：多元服务激活新活力，文化空间成为新亮点，打开"围墙"取得新效益，连锁经营拓展新空间，协同发展注入新动能。①

第二节　北京市文化创意产业园区发展大数据分析

2019 年，课题组在互联网上通过关键字搜索的方法，采集到 1 696 个北京区域内的园区名称；从苏州朗动网络科技有限公司（企查查）购买北京区域工商注册数据约 22 万条。课题组采用专家识别法，对 1 696 家园区进行了分类（科创、文创、物流、综合等）；应用园区注册地址和工商企业注册地址实现了两者的对应关系，建立了北京园区—企业数据库和 GPS分布图。在此基础上，课题组对全市文化创意产业园区的整体规模、区域分布、产业细分以及产出效益、上市公司分布等方面进行了综合分析。

■ 一、北京市产业园区发展概况

（一）园区的区域分布分析

北京市现有 16 个市辖区，分别是东城、西城、海淀、朝阳、丰台、门头沟、石景山、房山、通州、顺义、昌平、大兴、怀柔、平谷、延庆、密云。项目组根据企查查企业注册地址数据，整理汇总出 1 696 个产业园区。这些园区遍布北京市的 16 个行政区域。通过对产业园区位置整理与定点，利用软件绘制出其空间分布图，如图 4 - 1 所示，具体各个区域的园区数量如图 4 - 2 所示。

---

① 【文创前沿】北京以点带面，有效提升全市文化创意产业园区发展水平 https：//www.sohu. com/a/312519158_488939.

北京文化产业发展报告（2020）

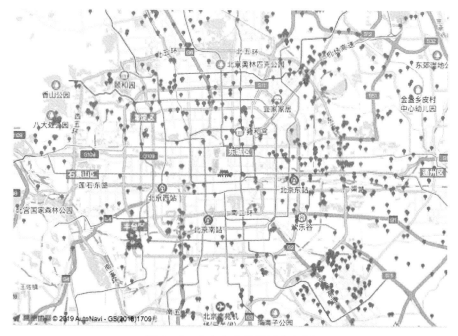

图4-1　北京市产业园区分布图

资料来源：项目组根据企查查数据研究整理。

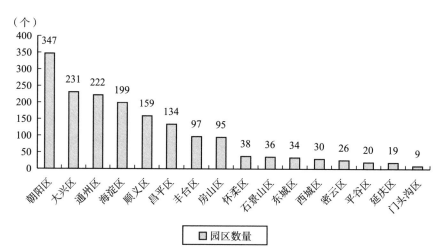

图4-2　北京产业园区区域分布

资料来源：项目组根据企查查数据研究整理。

根据上图所示，北京市内的 1 696 个产业园区，实现了 16 个区全覆盖。但由于受人才、产业基础、历史文化、交通与公共服务、环境等众多因素的影响，分布并不均匀。根据园区分布数量，可以将各区县分成 4 个等级：

第一等级 4 个区（朝阳区、大兴区、通州区和海淀区）。这 4 个区的园区总数量达到 999 个，占比为 58.9%（分别是 20.5%、13.6%、13.1%、11.7%）。朝阳区、海淀区是北京市产业发展的优势区域，园区数量排名靠前。大兴区、通州区园区数量排名靠前则说明近年来随着城市副中心建设和大兴国际机场建设等重大利好政策公布，产业发展后劲十足。

第二等级 4 个区（顺义区、昌平区、丰台区和房山区）。这 4 个区的园区数量达到 485 个，占比为 28.6%（分别是 9.4%、7.9%、5.7%、5.6%）。

第三等级 4 个区（怀柔区、石景山区、东城区、西城区）。这 4 个区的园区数量达到 138 家，占比为 8.1%（分别是 2.2%、2.1%、2.0%、1.8%）。

第四等级 4 个区（密云区、平谷区、延庆区和门头沟区）。这四个区的园区数量只有 74 家，占比只有 4.4%（分别是 1.5%、1.5%、1.2%、0.5%）。这 4 个区相对于其他区来讲，产业园区数量偏少，产业发展有待加强。

（二）园区类型分析

在对园区区域分布进行分析的基础上，项目组进一步对园区的类型进行了分析。在走访调研基础上，项目组将园区分为科技园区、文化创意产业园区、物流园区、农业园区和其他园区五类。分类的依据是各园区在网络上的园区产业概述，其中科技园区的产业以高新技术产业为主（包括新一代信息技术、集成电路、医药健康、智能装备、节能环保、新能源汽车、新材料、人工智能、软件和信息服务、科技服务）；文化创意产业园区以文创产业为主（包括文化艺术、新闻出版、广播电影电视、广告会展、艺术品交易、设计服务、旅游休闲娱乐、其他辅助服务等）；物流园区则以物流行业为主；农业园区以产业化农业为主；其他园区则包括两种情形：一是园区产业描述比较复杂，既涉及文创产业，又涉及科技产业，无法区分具体类型，二是网络上找不到园区介绍资料，无法准确描述园区性质。按照上述分类标准，项目组全面搜集了网络上的园区介绍资料，采用定性的方法，将北京市产业园区分为 5 类，不同类型的数量分布见图 4 – 3。

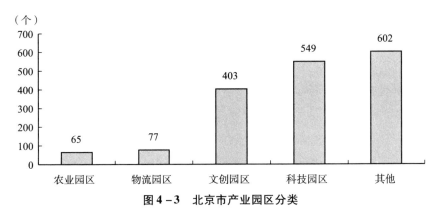

图 4 – 3　北京市产业园区分类

资料来源：项目组根据网络数据研究整理。

根据上图所示，具体分析如下：

第一，数量最多的是归入其他类型的园区，共有 602 个（占比 35.5%）。除了因信息缺失无法统计的园区外，这也表明北京市的很多产业园区呈现了综合发展的态势，实现了科技与文创的融合。

第二，园区类型数量排名第二的是科技园区，共有 549 个（占比 32.4%）。北京市作为科技创新中心，拥有全国最好的教育资源、人才资源，科技发展氛围浓烈，科技型园区数量较多，更有利于北京市科技发展、科技带动产业发展。

第三，园区类型数量排名第三的是文化创意产业园区，共有 403 个（占比 23.8%）。从数量上看，比科技园区少了 146 家，但从整体规模来看，数量还是相当可观的。尤其是近年来，随着北京市为落实四个中心定位，加大文化中心建设的力度，文化创意产业园区呈现快速增长的态势。

在 2019 年第十四届中国北京国际文化创意产业博览会上，有专家指出，近年来北京市文化创意产业园区数量呈现暴涨趋势，仅朝阳区已改造老旧厂房 300 余万平方米，由老旧厂房升级利用的文化创意产业园区达 60 余个，北京市文化创意产业园区经过近年来的不断发展，取得了令人瞩目的巨大进步，一大批有特点、发展迅速且良好的文创产业园区不断涌现，成为推动文化产业集聚发展和创新驱动的中坚力量。

■ 二、北京市文化创意产业园区发展现状分析

（一）文化创意产业园区的区域分布分析

项目组对通过类型分析筛选出来的 403 家文化创意产业园区，结合其地理位置信息，又对其区域分布进行了进一步分析，分析结果见图 4 - 4。

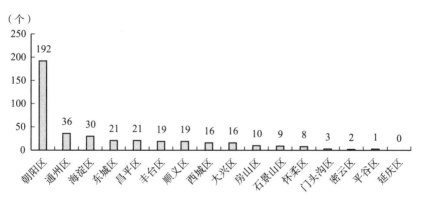

图 4 - 4 北京市文化创意产业园区分布图

资料来源：项目组根据网络数据研究整理。

由图 4 - 4 可以看出，北京市 15 个区建有文化创意产业园区（延庆区除外①）。具体分布分析如下：

第一，朝阳区文化创意产业园区数量最多，达到 192 家（占比 47.6%），

① 此结论只根据网络数据整理，可能与实际情形有一定出入。

几乎达到了北京市文化创意产业园区的半壁江山，这也与社会上流传的"海淀科技见长，朝阳文创见长"的观点相吻合。朝阳区的文化创意产业园区是京城的艺术潮流地标，是游客和爱好者的艺术港湾。CBD文化休闲聚集地、北京CBD–定福庄国际传媒产业走廊功能区，在全国乃至国际都具有很高的知名度。目前，朝阳区正在努力争取建设全国文化产业改革的探索区、文化经济政策的先行区和产业融合发展的示范区，无疑将进一步增强朝阳区文化创意产业园区及相关产业的实力。

第二，文化创意产业园区数量排名第二的是通州区，园区数量达到36家。通州区毗邻朝阳区，近年来又有城市副中心建设的重大利好政策推动，再加上大运河文创资源、成片的传统制造类企业转型，文化创意产业园区和其关联产业在未来的长远发展值得关注与期待。

第三，文化创意产业园区数量排名第三的是海淀区，园区数量达到30家，这说明海淀区的文创产业发展潜力不容忽视。海淀区的科技实力雄厚，在为设计创意类企业提供聚集地，打造文创孵化生态，探索科技与文化融合之路，打造文化科技融合的产业生态等方面具有独特优势。

第四，东城区和西城区的整体园区数量并不多（34家和30家），但文化创意产业园区的数量达到了21家和16家，文化创意产业园区占比非常高（61.8%和53.3%）。东城区的文化创意产业园区，"科技＋文化"双轮驱动，打造专业化的文化创意产业园区品牌，分散在胡同里，或由旧厂址改造的文化创意产业园区，令古都北京焕发新的生机，逐渐蜕变为文化创意创新的活力都市。西城区的文化创意产业园区，为民营企业搭建出版平台，设计资源协作推动产业发展，以文化金融为主导，孵化众多手游在线类项目，建设首都演艺核心区，还有一些花园式的文化创意产业园区，是城市工业印记的文化新生，具备一定的影响力和品牌效应。

（二）文化创意产业园区细分产业分析

在对文化创意产业园区区域分布分析的基础之上，项目组对文化创意产业园区的细分行业也进行了分析。细分产业分类借鉴国家对文创产业的界定标准，共分了 8 个方面，它们分别是艺术品交易、广告会展、新闻出版、旅游休闲娱乐、设计服务、广播电影电视、文化艺术和其他辅助类。项目组对 403 家文化创意产业园区的概述或简介中涉及的细分产业进行汇总统计，涉及多个细分产业的园区，选择排名靠前的三个产业作为园区主要产业。文化创意产业园区细分产业的统计分析见图 4-5。

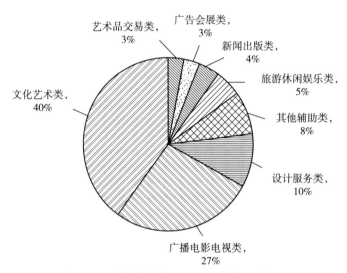

图 4-5　文化创意产业园区细分产业分布图

资料来源：项目组根据网站信息研究整理。

如图 4-5 所示，北京市文化创意产业园区的细分产业排名如下：文化艺术类占比最多，为 40%；其次是广播电影电视类，占比 27%。这两类细分产业的比例已超过 2/3，说明这两个细分产业是北京文化创意产业的主导产业。排名第三的是设计服务类，占比达到 10%。其他还包括旅游休闲娱乐类、艺术品交易类、新闻出版类、广告会展类等文创相关行业。除此之外，文化创意产业园区内还包含有物流、食品零售、数据分析、物业等辅助支持类行业。

通过对文化创意产业园区内企业主营业务关键词进行分析，得出图 4-6 所示的词云图。

图 4 – 6　文化创意产业园区企业业务关键词

资料来源：园区网页信息及本研究整理。

在北京市文化创意产业园区入驻企业业务关键词词云图中，某业务类型字体越大，从事此类业务的企业比重越高。企业业务主要有广告、设计、会展服务、展览、技术、咨询、电视电影制作发行等，同时，以创意文化为切入点，文化创意产业园区的经营主体联合各入驻企业积极策划实施形式多样的文化创意展览、演出等活动。项目组将文化创意产业园区行业分布情况一起分析发现，占比最多的三大行业——文化艺术类、广播电影电视类、设计服务类，对应园区内企业业务占比较大的是设计、服务、展览、发布广告、图文设计等业务类型。

（三）北京市文创园区注册企业数量分析

文化创意产业园区的规模乃至产业影响力可以通过园区注册企业数量来分析。一般来讲，注册企业数量越多，园区规模往往越大，其产业链的完备程度也会越高，产业协同发展程度和影响力也会越大。项目组汇总企查查数据，共有 171 个文化创意园区匹配到注册企业信息，这 171 个园区拥有注册企业数量为 41 436 家①，平均每个园区注册企业为 242.3 家。北

---

① 项目组确认的 403 家文创园区，只有 171 家园区有注册企业数量，另外有 232 家园区未能确认数量。不能确认园区企业数量主要有 4 个原因：①园区地址网络信息缺失或描述太过宽泛。②园区有多个地址无法准确确认。③企查查数据缺失。④园区未实质化运营，没有注册企业。

京市各行政区域文创园区注册企业数量见图4-7，北京市注册企业最多的
10大园区见图4-8。

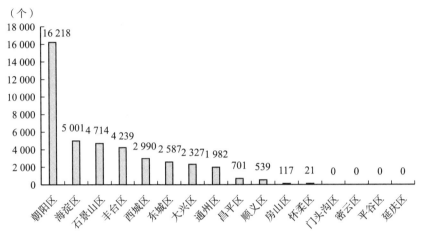

图4-7 北京市各区文创园区注册企业数量

资料来源：项目组根据企查查数据整理。

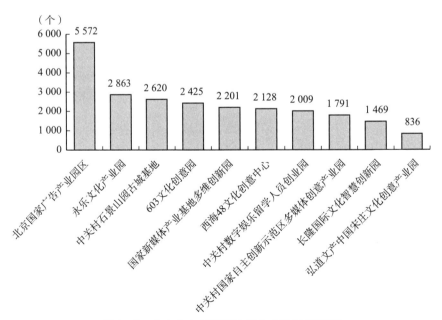

图4-8 北京市文创园区注册企业数量 TOP10

资料来源：项目组根据企查查数据整理。

北京文化产业发展报告（2020）

如图 4-7 所示，其中朝阳区的文化创意园区拥有注册企业最多，达到 16 218 家，占北京市全部园区企业注册数量的 39.1%，平均每个园区拥有 188.6 家注册企业。其次是海淀区，注册企业数量达到 5 001 家，占比 12.1%，平均每个园区拥有 312.6 家。[①] 排名第 3 到第 5 位的分别是石景山区、丰台区和西城区。另外门头沟、密云、平谷和延庆四个区未发现园区注册企业信息，这一方面受限于网络数据，但从另外一方面也说明这些区文创企业的活跃程度不高。当然，园区数量的多少还受到园区占地面积的影响。园区面积大，园区的注册企业数量也会相应增加。

如图 4-8 所示，注册企业数量最多的文创园区是北京国家广告产业园区，共拥有注册企业 5 572 家，占 171 家园区企业数量的 13.45%。排名第 2 和第 3 的园区分别是永乐文化产业园和中关村石景山园古城基地，注册企业数量分别是 2 863 家和 2 620 家，分别占比为 6.93% 和 6.32%。排名前 10 的园区登记注册企业数量达到 23 914 家，占全部 171 家园区企业数量的 57.71%，另外从行政区域分布来看，注册企业数量排名前 10 的园区，朝阳区有 3 家，石景山区有 2 家，西城区、海淀区、大兴区、丰台区、通州区各 1 家。这说明随着文化创意产业的深入发展，北京市各行政区都出现了较大规模的产业园区。

（四）北京市文创园区企业注册资金规模分析

企业注册资金规模也在某种程度上反映企业对发展资金的需求，进而间接地反映企业的发展水平，园区企业的注册资金规模也间接反映出园区的产值水平。一般来说，注册资金越大，产出规模也会越大。项目组借助企查查的数据，对北京市文创园区企业注册资金的规模进行了挖掘分析，共收集到 171 个文创园区的 38 220 家企业的注册资金，[②] 注册资金总规模达到 5 324.4 亿元，平均每个园区规模为 31.14 亿元，平均每家企业的注册资金规模为 1 393 万元。北京市各区文创园区企业注册资金规模见

---

① 朝阳区和海淀区有注册企业数量数据的文创园区数量分别是 86 家和 16 家。

② 在统计企业注册资金规模时，有 3 216 家企业显示了注册地址，但没有显示注册资金，故注册资金的企业数低于注册企业数。

图4-9，北京市文创园区企业注册资金规模TOP10见图4-10。

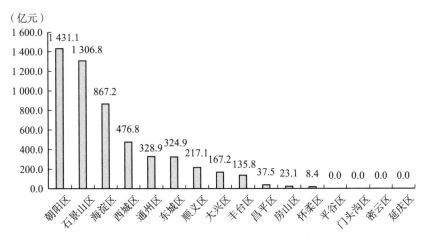

图4-9　北京市各区文创园区企业注册资金

资料来源：项目组根据企查查数据整理。

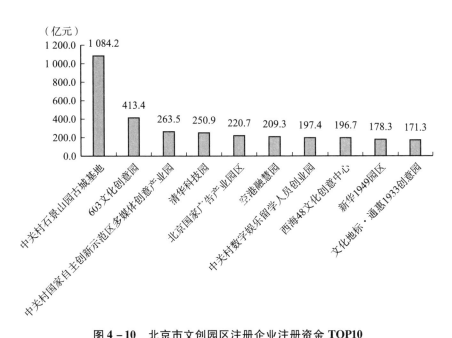

图4-10　北京市文创园区注册企业注册资金TOP10

资料来源：项目组根据企查查数据整理。

如图 4-9 所示，各区文创园区企业注册资金规模最大的是朝阳区，达到 1 431.1 亿元，平均每个园区企业注册资金的规模是 16.64 亿元，平均每家企业的注册资金为 954 万元。注册资金规模排名第二的是石景山区，资金规模达到 1 306.8 亿元，平均每个园区企业注册资金的规模是 186.69 亿元，平均每家企业的注册资金为 3 080 万元。石景山区的文创园区数量并不占优，但注册资金规模十分雄厚，这可能跟园区有首钢及下属企业有关。排名第三的是海淀区，资金规模达到 867.2 亿元，平均每个园区企业注册资金的规模是 54.2 亿元，平均每家企业的注册资金为 1 935 万元，另外未检索到平谷、门头沟、密云、延庆 4 区文创园区企业注册资金规模数据，这也在一定程度上反映出这些区的文创产业有待进一步发展。

如图 4-10 所示，园区企业注册资金规模最大的三个园区分别是中关村石景山园古城基地、603 文化创意园和中关村国家自主创新示范区多媒体创意产业园，资金规模分别达到了 1 084.2 亿元、413.4 亿元和 263.5 亿元。从行政区域分布来看，朝阳（北京国家广告产业园区、603 文化创意园）、海淀（中关村国家自主创新示范区多媒体创意产业园、清华科技园）、石景山（中关村石景山园古城基地、中关村数字娱乐留学人员创业园）、西城各有 2 个园区（西海 48 文化创意中心、新华 1949 园区），通州和顺义各 1 个园区，分别是文化地标·通惠 1933 创意园（新华北路）和空港融慧园。

（五）文化创意产业园区知识产权分析

对于文化创意产业园区产出的评价，最直接的指标是园区的产值、利润额或纳税额，但由于这方面数据的敏感性，很难通过公开渠道获得。文化创意产业园区作为文化创意的集聚地，其主要产品是文化创意，知识产权的数量及类型在某种程度上也代表了园区的发展水平。项目组通过企查查的数据获取了文创园区注册企业的知识产权登记数据，从知识产权角度对文化创意产业园区的产出水平做了进一步分析。项目组选取了四种主要的知识产权类型：商标、专利、软件著作权和作品著作权。截至 2019 年 8 月，北京市共有知识产权数量 7 439 532 个，四种主要知识产权的数量与类型见图 4-11。

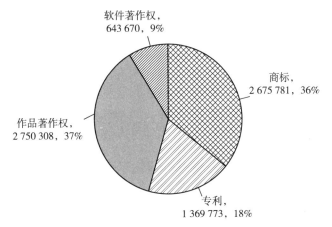

图4－11 北京市的知识产权数量及类型占比

资料来源：项目组根据企查查数据整理。

如图4－11所示，在北京市的知识产权中，作品著作权数量最多，数量达到2 750 308个，占比为37%。其次是注册商标数，数量为2 675 781个，占比为36%。再次是专利数量，数量达到1 369 773个，占比为18%。排名第四的是软件著作权，数量达到643 670个，占比为9%。

1. 北京市文化创意产业园区的知识产权数量及类型分析

在项目组确定的403个文化创意产业园区，4种登记注册的知识产权数量达到了381 060个，具体知识产权的类型与数量见图4－12。

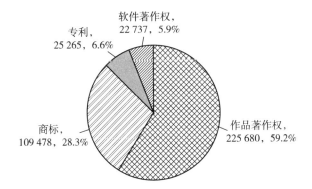

图4－12 北京市文创产业园区知识产权类型数量及占比

资料来源：项目组根据企查查数据整理。

如图 4 - 12 所示，北京市文创园区知识产权类型最多的是作品著作权，数量达到 225 680 个，占比 59.2%。其次是商标，数量是 109 478 个，占比 28.3%，专利和软件著作权的数量是 25 265 个和 22 737 个，占比分别是 6.6% 和 5.9%。整个知识产权的分布与文创园区的产业分布相吻合，不同于科创园区以硬科技为主，文创园区的主要产业以影视、广告、文创设计、咨询服务等为主，作品著作权和商标是其主要的产权形式，技术含量高的专利与软件著作权的数量占比相对偏低。

2. 北京各区文化创意产业园区的知识产权分布

根据调查，北京市文创产业园区的知识产权数量达到了 383 186 个。其中，朝阳区有 273 734 个，一枝独秀，再次显示了朝阳区在文创园区的强大实力。海淀区有 38 520 个，仅次于朝阳区。东城区有 22 307 个，石景山区有 20 204 个，西城区有 10 950 个，排在第三、四、五名。密云区、平谷区、延庆区和门头沟区未关联到知识产权数据，一方面说明数据关联还有待于进一步挖掘，但也在某种程度上说明这几个区在知识产权申请方面活跃度不高，意识有待强化（见表 4 - 1 及图 4 - 13 所示）。

表 4 - 1　　北京市文化创意产业园区所处各区知识产权分布情况　　单位：个

区域	商标数量	专利数量	软件著作权	作品著作权	总数
东城区	15 196	2 430	2 672	2 009	22 307
丰台区	3 615	112	328	75	4 130
大兴区	3 383	424	209	139	4 155
怀柔区	1	0	0	0	1
房山区	226	20	37	1	284
昌平区	578	96	104	35	813
朝阳区	43 150	3 430	4 860	222 294	273 734
海淀区	19 177	8 540	10 345	458	38 520
石景山区	8 821	8 391	2 649	343	20 204
西城区	9 348	633	821	148	10 950

续表

区域	商标数量	专利数量	软件著作权	作品著作权	总数
通州区	3 109	86	324	76	3 595
顺义区	2 874	1 129	388	102	4 493
总数	109 478	25 291	22 737	225 680	383 186

资料来源：项目组根据企查查数据整理。

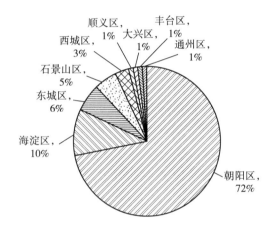

图 4 - 13　北京市各区文化创意园区知识产权分布比例

如表 4 - 1 和图 4 - 13 所示，知识产权在北京市各区的分布并不均匀，其中朝阳区文化创意产业园区内的知识产权数量最多，占整个北京市文化创意产业园区的 72%，其中知识产权数量类型中最多的是产品著作权。其次是海淀区，占比为 10%，其专利数量和软件著作权的数量占了绝大多数，由此可见海淀区在科技方面的实力。北京市文创园区主要知识产权数量分布在朝阳区、海淀区、东城区、石景山区和西城区，五区合计占比达到 96%。

首先，在商标登记注册方面，北京市文创产业园区的商标数量共109 478 个，其中朝阳区的商标数量最多，达到了 43 150 个，占比为 39%；其次是海淀区，达到了 19 177 个，占比为 17%；再次是东城区，达到了15 196 个，占比为 14%；而怀柔区和房山区的商标数量较少（见表 4 - 1 及

图 4 – 14）。

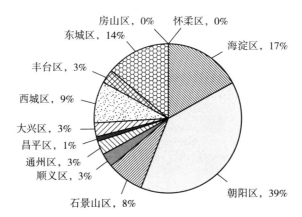

图 4 – 14 北京市文化创意产业园区所处各区的商标占比

注：本图共有 12 个区的文创园区有商标注册信息，其中怀柔区只有 1 条登记信息，占比约等于零。另外密云、平谷、门头沟、延庆 4 区数据为零，未列在图表中。

资料来源：项目组根据企查查数据整理。

　　企业对知识产权的态度决定了他们如何看待未来，商标注册情况表明了公司的战略方向和布局、着力推广的品牌、即将从事的服务或商品、和哪个对手准备开始"大战"等。截至 2019 年 12 月，今日头条有 3 403 个商标注册申请，华为有 3 588 个商标注册申请，百度有 6 413 个商标注册申请，阿里巴巴和腾讯均超过 10 000 个商标注册申请。[①] 因此，从这些大企业商标数量可以看出他们非常重视品牌的保护。文化创意产业园区内企业重视商标申请，在商标这一项 IP 投入高，才能避免品牌在以后发展过程中产生权属争议，为企业的后续发展打下坚实基础。

　　在专利登记注册方面，整个北京市文化创意产业园区的专利数量达到了 25 291 个，其中海淀区的专利数量最多，达到 8 540 个，占比为 34%；其次是石景山区，达到了 8 391 个，占比为 33%。在有数据的行政区域中房山区专利数量最少，只有 20 个（见表 4 – 1 及图 4 – 15）。

---

① 数据来源：国家知识产权局—商标局官网查询。

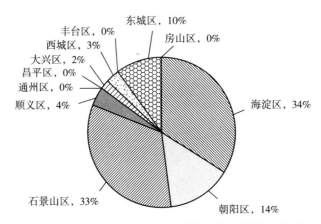

图 4 - 15　北京市文化创意产业园区所处各区的专利占比

注：本图共有 11 个区的文创园区有专利注册信息，其中丰台、昌平、通州、房山 4 区的专利注册数量分别为 112、96、86 和 20 条，占比约等于零。另外怀柔、密云、平谷、门头沟、延庆区的数据为零，未列入图表。

资料来源：项目组根据企查查数据整理。

北京市海淀区教育资源丰富、各类人才聚集，因此，由图 4 - 15 看到海淀区的文化创意产业园区专利数量最多不足为奇。石景山区文化创意产业园区数量虽然不多，但专利数量仅次于海淀区，专利研发是企业获取竞争优势的重要手段之一，说明石景山区文化创意产业园区内企业在研发和创新方面做得较好。朝阳区作为北京市文化创意产业园区数量最多且发展较好的区，相比之下，其文化创意产业园区内企业专利数量显得较少，因此，朝阳区文化创意产业园区应当注重其专利方面的知识产权研发，与园区的发展相适应，在专利数量增长的同时要兼顾专利的质量，从而可以实现更好更快更长远地发展。

在软件著作权方面，北京市文化创意产业园区登记数量达到了 22 737 个。其中海淀区数量最多，达到了 10 345 个，几乎占到了所有文创园区的半壁江山，占比达到 46%；其次是朝阳区，数量为 4 860 个，占比达到 21%；排名第三和第四的分别是东城区和石景山区，数量分别是 2 672 和 2 649 个，占比都是 12%。这四个区的占比总和达到了 91%。其他地区的数量和占比相对较少，具体见表 4 - 1 及图 4 - 16。

在作品著作权方面，北京市文化创意产业园区登记数量达到了 225 680 个。其中朝阳区数量最多，产品著作权数量达到 222 294 个，占比超过 98%，

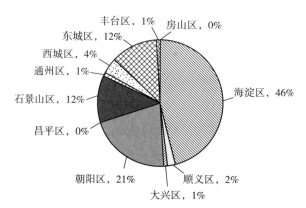

图4-16　北京市文化创意产业园区所处各区的软件著作权占比

注：本图共有11个区的文创园区有专利注册信息，其中昌平和房山2区的软件著作权注册数量分别为104条和37条，占比约等于零。另外怀柔、密云、平谷、门头沟、延庆5区登记数量为零，未列入图表。

资料来源：项目组根据企查查数据整理。

这说明朝阳区在产品著作权登记方面处于绝对领先的地位。排名第二的是东城区，数量是2 009个。其他行政区域的数量则更少，数量从零到数百个不等（排名第三的海淀区只有458个）。这说明除了朝阳区之外，其他各行政区域在作品著作权登记方面的意识与工作力度有待加强。具体见表4-1和图4-17。

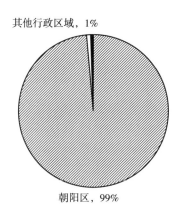

图4-17　北京市文创产业园区所处各区的作品著作权占比

资料来源：项目组根据企查查数据整理。

3. 北京市文化创意产业园区在各个行业的知识产权分布

根据调查，如表 4 - 2 及图 4 - 18 所示，北京市文创产业园区的知识产权数量达到了 383 160 个。其中，居民服务、修理和其他服务业，知识产权数量达到 221 269 个，占比为 58%。其次是科学研究和技术，数量达到 71 072，占比为 19%。其他数量较多的依次是文化、体育和娱乐业，租赁和商业服务业，批发和零售业，信息传输、软件和信息技术服务业，数量分别达到了 26 301 个、18 650 个、17 963 个和 12 008 个。其余行业的知识产权数量占比较小。该数据有力地证明了如今北京市文化创意产业内部结构不断优化、与科技结合趋势愈加明显。

表 4 - 2　　　　　　北京市文化园区各行业知识产权分布情况

行业名称	商标	专利	作品著作权	软件著作权	合计
交通运输、仓储和邮政业	60	0	2	6	68
住宿和餐饮业	521	0	6	8	535
信息传输、软件和信息技术服务业	5 129	2 421	77	4 381	12 008
公共管理、社会保障和社会组织	0	0	0	0	0
农、林、牧、渔业	292	32	11	13	348
制造业	2 490	5 418	87	225	8 218
卫生和社会工作	145	2	3	22	172
居民服务、修理和其他服务业	737	170	220 295	67	221 269
建筑业	260	1 579	4	232	2 075
房地产业	569	0	1	3	573
批发和零售业	15 231	1 838	209	687	17 963
教育	280	4	3	64	351
文化、体育和娱乐业	22 071	500	2 585	1 145	26 301
水利、环境和公共设施管理业	193	1 485	0	117	1 795
电力热力、燃气及水生产和供应业	4	23	0	1	28

行业名称	商标	专利	作品著作权	软件著作权	合计
科学研究和技术服务业	44 638	10 111	1 983	14 362	71 072
租赁和商务服务业	16 233	789	394	1 234	18 650
采矿业	2	0	0	0	2
金融业	623	919	20	170	1 732
总数	109 478	25 291	225 680	22 737	383 160

资料来源：项目组根据企查查数据整理。

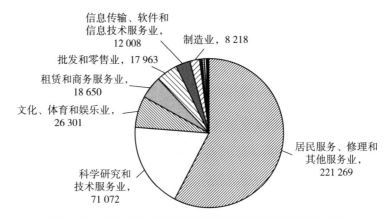

图4-18 北京市文化创意产业园区各行业的知识产权占比

资料来源：项目组根据企查查数据整理。

在商标注册登记方面，整个北京市文化创意产业园区的商标总数达到了 109 478 个。其中，科学研究和技术服务业的商标数量最多，达到了 44 638 个，占比为 41%；其次是文化、体育和娱乐业，数量达到了 22 071 个，占比为 20%；再次是租赁和商务服务业以及批发和零售业，占比分别为 15% 和 14%；其余行业的商标数量占比比较小（见表 4-2 及图 4-19）。

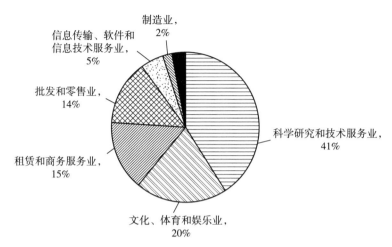

图 4 – 19　北京市文化创意产业园区各行业的商标占比

资料来源：项目组根据企查查数据整理。

商标是用来区分一个经营者的服务或品牌和其他经营者的商品或服务的标记。根据《中华人民共和国商标法》（2019 年修正），任何能够将自然人、法人或者其他组织的商品与他人的商品区别开的标志，包括文字、图形、字母、数字、三维标志、颜色组合和声音等，以及上述要素的组合，均可以作为商标申请注册。商标是企业的无形资产，其价值常决定于商标的认可度，因此，其对于本身固定资产极少的文创产业而言尤为重要。商标的数量很大程度上代表该行业的发展潜力。由图 4 – 19 所示，北京市文化创意产业园区的商标数占比较大的行业分别是科学研究和技术服务业、文化体育和娱乐业、租赁和商务服务业以及批发和零售业，而北京市文化创意产业园区的数量占比较大的行业分别是文化艺术业、广播电影电视业、设计服务类及其他辅助类行业，这说明北京市文化创意产业园区行业的商标数与其园区数量没有明显的正相关关系，各行业的商标数还受行业类型等众多因素的影响。

在专利登记注册方面，整个北京市文化创意产业园区的专利总数达到了 25 291 个。其中，科学研究和技术服务业专利数量最多，达到了 10 111 个，占比为 40%；其次是制造业，数量达到了 5 418 个，占比为 21%；然后是信息传输、软件和信息技术服务业，数量达到了 2 421 个，占比为 10%；其余行业的专利数量占比较小（见表 4 - 2 及图 4 - 20）。

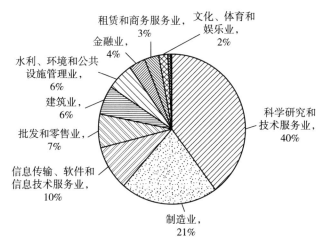

图 4 - 20　北京市文化创意产业园区各行业的专利占比

资料来源：项目组根据企查查数据整理。

专利同商标一样也是一种无形资产，其对文化创意产业园区的各行业发展而言也尤为重要。专利可以加快产品的更新速度，亦可以提高产品的质量、降低成本，以及提高产品的技术含量，使其产品在市场竞争中立于不败之地，是行业发展不可忽视的重要因素。而专利技术可以作为商品出售（转让），与单纯的技术转让相比，专利更加具有经济效益和法律效益，这也是企业获利的重要途径之一。对比各行业的整体知识产权数量及占比，虽然制造业在这两个指标中并不占优势，但是其在专利数量上占比达到 21%，排名第二，这说明制造业在专利方面具有很大的优势。

在作品著作权方面，整个北京市文创园区的登记数量达到 225 680 个，具体分布见表 4 - 2 及图 4 - 21。其中，居民服务、修理及其他服务业的产品著作权数量最多，达到了 220 295 个，占比达到 98%。居民服务、修理和其他服务业共分三大类：（1）居民服务，包括家庭服务、托儿所、洗染服务、理发及美容保健服务、洗浴服务、婚姻服务、殡葬服务、摄影扩印服务、其他居民服务。（2）机动车、电子产品和日用产品修理业。（3）其他服务业，主要包括建筑物及其他清洁服务、宠物饲养、医院、美容、寄托收养及其他宠物服务和其他未列明服务业，在这个行业里有比较多的与形象、造型有关的细分行业，比如婚姻服务、摄影摄像、美容相关等，这部分行业为了保护自己的合法权益，很容易把业务形成的照片申请为产品著作权，从而在整体上拉高了占比。分列第二和第三的是文化体育娱乐业、科学研究和技术服务业，数量分别为 2 585 个和 1 983 个，占比约为 1%，其他行业的申请较少，可以忽略不计。

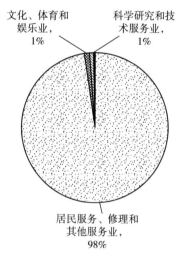

图 4 −21　北京市文化创意产业园区各行业的作品著作权占比

资料来源：项目组根据企查查数据整理。

在软件著作权方面，整个北京市文创园区的登记数量达到 22 737 个，具体分布见表 4 −2 及图 4 −22。其中，科学研究和技术服务业的软件著作权数量最多，达到了 14 362 个，占比达到 63%。排名第二的是信息传输、软件和信息技术服务业，数量达到 4 381 个，占比为 19%，分列第三至第五的分别是文化体育和娱乐业、租赁和商业服务业以及批发零售业，占比也分别达到 5%、5% 和 3%。其他行业的申请较少，可以忽略不计。

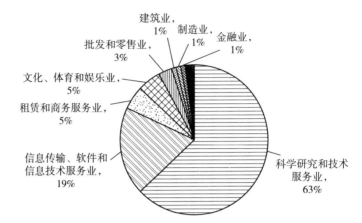

图 4-22　北京市文化创意产业园区各行业的软件著作权占比

注：有各别的行业，比如 0.03%，就被显示成 0% 了，因此加总不是正如 100%。
资料来源：项目组根据企查查数据整理。

综上所述，除去作品著作权之外，从商标、专利、软件著作权上看，都是科学研究和技术服务业的数量最多，可见科学研究和技术服务业的研发、创新能力在整个北京市文化创意产业园区中是最强的。除科学研究和技术服务业外，文化、体育和娱乐业对商标的创造商誉的能力较强，制造业研发专利的能力较强，而在作品著作权上，居民服务业、维修业和其他服务业则占据绝对优势。

（六）文化创意产业园区上市公司分析

上市公司是指经国务院或者国务院授权的证券管理部门批准后公开发行的、股票在证券交易所上市交易的股份有限公司。上市公司属于股份有限公司的一种类型，这种公司必须经过批准且符合一定的条件才能到证券交易所上市交易。在当代社会，公司选择上市是很好的融资方式，有利于公司快速汇融资金，但是公司上市后需要对外公示财务等各方面的报表，有很多公司出于各方面考虑会选择不上市。在北京文化创意产业园区快速发展的情势下，分析北京市文化创意产业园区企业的上市情况具有很大的意义，这可以让企业了解北京市文化创意产业园区企业上市情况，为企业制定自身的发展方向和计划提供参考。

　　根据调查，截至 2019 年 8 月，北京市共 1 604 194 家企业，99 217 家高新技术企业，324 家上市公司。在北京市文创产业园区的 A 股上市公司中，深交所创业板 A 股所占比重最大，约 51%；其次是上交所主板 A 股占比 28%，最后是深交所主板 A 股占比 21%。

　　如图 4 - 23 所示。由此可见，北京市文创产业园区的 A 股上市公司主要还是集中在深交所创业板上市，已经超过了一半的数量。其次是上交所主板 A 股，最少是深交所主板 A 股。说明深交所创业板还是北京市文创产业园区上市的主要场所。

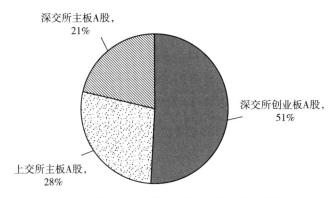

图 4 - 23　北京市文创园 A 股上市公司各交所占比

资料来源：企查查数据及本研究整理。

　　1. 北京文化创意产业园区在各个区的上市公司数

　　根据调查，北京市的 324 家上市公司中，仅有 6 家属于文化创意产业园区的上市公司，相对其他园区数量较少。这 6 家上市公司分别是北京首钢股份有限公司、北京光线传媒股份有限公司、宜亚国际营销科技（北京）股份有限公司、创业黑马科技集团股份有限公司、北京巴士传媒股份有限公司和引力传媒股份有限公司。北京首钢股份有限公司位于北京文化创意产业园区中的中关村石景山园古城基地，北京光线传媒股份有限公司位于中关村雍和航星科技园，宜亚国际营销科技（北京）股份有限公司位于莱锦文化创意产业园，创业黑马科技集团股份有限公司位于电通创意广场，北京巴士传媒股份有限公司位于中关村国家自主创新示范区多媒体创意产业园，而引力传媒股份有限公司则位于中关村互联网文化创意产业园。

这6家北京文化创意产业园区的上市公司按北京行政区域分类，朝阳区有2家，分别是宣亚国际营销科技（北京）股份有限公司和创业黑马科技集团股份有限公司；海淀区有2家，分别是北京巴士传媒股份有限公司和引力传媒股份有限公司；东城区有1家，为北京光线传媒股份有限公司；石景山区有1家，为北京首钢股份有限公司；其余区域没有上市公司（见图4-24）。

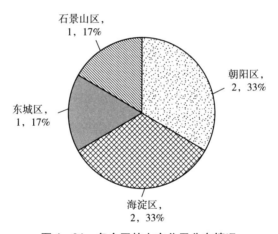

图4-24　各个区的上市公司分布情况

资料来源：企查查数据及本研究整理。

北京市共有403个文化创意产业园区，而文化创意产业园区内上市企业仅有6家。平均来看，大约每67个文化创意产业园区仅有一家上市企业。以文创产业发展相对较好的朝阳区为例，截至2019年7月，北京市朝阳区的文创上市企业达到98家，而园区内仅2家；由此可见，文化创意产业园区内的上市企业数量相对来说较少。对于大部分文创企业来说，充足的资金为企业发展奠定基础，而融资难、融资贵是阻碍公司发展的大问题。众所周知，上市可以为企业开辟一个新的直接融资渠道，同时使其受到公众的监督，这有助于提升企业品牌形象。因此，文化创意产业园区应当在政策环境利好的情况下，加强文创与资本的融合。

2. 北京文化创意产业园区上市公司的行业分布

北京市文化创意产业园区的 6 家上市公司中，租赁和商务服务业共 4 家，制造业 1 家，文化、体育和娱乐业 1 家。可见在北京文化创意产业园区中，租赁和商务服务业占最大的比重，为 67%；其次是制造业及文化、体育和娱乐业；而其他行业未见上市公司（见图 4 - 25）。

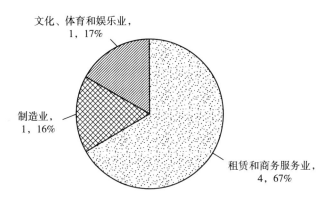

图 4 - 25　各个行业的上市公司分布情况

资料来源：企查查数据及本研究整理。

从图 4 - 25 文化创意产业园区内上市公司的行业分布可以看出，租赁、商业服务业的上市公司占比较多，其次就是制造业和文化、体育娱乐业。租赁是早年文化创意产业园区发展的主要业务，大部分园区的收入来源是园区内的租赁业务。然而，如果仅靠租赁或者说以租赁为主要收入来源，会存在园区功能定位不清的问题，且不利于文创产业的发展。

3. 北京文化创意产业园区的上市公司在各个区的行业分布

经统计，北京文化创意产业园区的上市公司中，位于朝阳区的 2 家上市公司都从事租赁和商务服务业；位于海淀区的 2 家上市公司分别从事租赁和商务服务业以及文化、体育和娱乐业；位于石景山区的上市公司从事的是制造业；而东城区的上市公司从事的是租赁和商务服务业（见

表4-3）。

表4-3　　北京文化创意产业园区的上市公司在各个区的行业分布表

公司名称	园区名称	所在区	所属行业
北京首钢股份有限公司	中关村石景山园古城基地	石景山区	制造业
北京光线传媒股份有限公司	中关村雍和航星科技园	东城区	租赁和商务服务业
宣亚国际营销科技（北京）股份有限公司	莱锦文化创意产业园	朝阳区	租赁和商务服务业
创业黑马科技集团股份有限公司	电通创意广场	朝阳区	租赁和商务服务业
北京巴士传媒股份有限公司	中关村国家自主创新示范区多媒体创意产业园	海淀区	租赁和商务服务业
引力传媒股份有限公司	中关村互联网文化创意产业园	海淀区	文化、体育和娱乐业

资料来源：项目组根据企查查数据整理。

如表4-3所示，北京文化创意产业园区的上市公司数量极少，说明北京市文创企业大多都选择不上市；这6家上市公司分布在朝阳区、海淀区、东城区和石景山这4个中心城区，所从事的行业主要是租赁和商务服务，这并不是北京文化创意产业园区的主导产业，说明上市公司还有较大的发展与改善空间。

第三节　首批33家北京市文化创意产业园区发展概况

2019年1月25日，首批33家北京市文化创意产业园区名单正式公布。这33家园区在北京市文化创意产业园区中表现突出，它们具有的共同特点：管理运营规范、运营效益显著、产业链完善、服务体系健全。

一、首批 33 家园区的行政区域分布分析

《北京城市总体规划（2004～2020 年）》从北京城市发展定位出发，结合各行政区域的资源特点，从总体上将全市划分为首都功能核心区（东城区、西城区）、城市功能拓展区（朝阳区、海淀区、丰台区、石景山区）、城市发展新区（房山区、通州区、顺义区、昌平区、大兴区）和生态涵养发展区（门头沟区、怀柔区、平谷区、密云区、延庆区）四类功能区。由于各区域文化资源禀赋和产业要素不同，在产业链、服务链的相互作用下，促使北京市文化创意产业领域大大小小、形形色色的集聚区按照不同产业类别实现了多样化的集聚，并在分布上呈现出一定的规律性。首批 33 家文化创意产业园区在北京市各区的分布情况见表 4-4和图 4-26。

表 4-4　　　　　　　33 家文化创意产业园区功能区分布

编号	园区	功能区位	所在行政区域	数量
1	嘉诚胡同创意工场	首都功能核心区	东城	4
2	中关村雍和航星科技园			
3	77 文创园			
4	"北京德必天坛 WE"国际文化创意中心			
5	北京天桥演艺区		西城	7
6	北京文化创新工场车公庄核心示范区			
7	天宁 1 号文化科技创新园			
8	西什库 31 号			
9	西海 48 文化创意产业中心			
10	"新华 1949"文化金融与创新产业园			
11	北京 DRC 工业设计创意产业基地			

续表

编号	园区	功能区位	所在行政区域	数量
12	北京塞隆国际文化创意园	城市功能拓展区	朝阳	11
13	东亿国际传媒产业园			
14	恒通国际创新园			
15	莱锦文化创意产业园			
16	郎园 vintage 文化创意产业园			
17	尚 8 国际广告园			
18	中国北京出版创意产业园			
19	751D·PARK 北京时尚设计广场			
20	798 艺术区			
21	北京电影学院影视文化产业创新园平房园区			
22	北京懋隆文化产业创意园			
23	清华科技园		海淀	5
24	中关村东升科技园			
25	中关村数字电视产业园			
26	768 创意产业园			
27	中关村软件园			
28	星光影视园	城市发展新区	大兴	3
29	北京城乡文化科技园			
30	北京大兴新媒体产业基地			
31	弘祥 1979 文化创意园		通州	1
32	腾讯众创空间（北京）文化创意产业园		昌平	1
33	数码庄园文化创意产业园		经济技术开发区	1

资料来源：项目组根据网络数据整理。

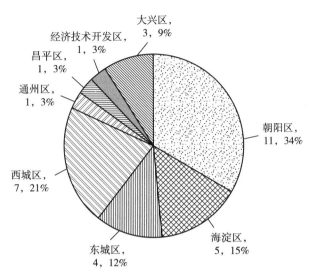

图4-26　北京市33家文化创意产业园区区域分布

资料来源：项目组根据网络数据整理。

从表4-4和图4-26可以看出，文化创意产业园区从功能区及北京各区分布上看，资源分布不均，文化创意产业园区空间布局密度也有所差异。其中，城市功能拓展区数量最多，有16家文化创意产业园区，其中朝阳区最多，有11家文化创意产业园区；海淀区次之，有5家文化创意产业园区。首都功能核心区有11家文化创意产业园区，其中4家在东城区，7家在西城。有6家文化创意产业园区分布在城市发展新区，其中通州区、昌平区、经济开发区各有1家文化创意产业园区。生态涵养发展区的文化创意产业园区总体数量比较少，空间分布上较为稀疏。

■ 二、首批33家园区行业分布分析

33家文化创意产业园区行业类型多样化，难以按单一的标准进行分类，项目组根据其主导产业进行了粗略划分，划分结果见图4-27。

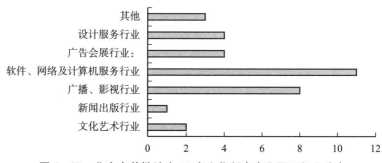

图 4 – 27　北京市首批认定 33 家文化创意产业园区行业分布

资料来源：项目组根据网络数据整理。

根据图 4 – 27 所示，北京市首批认定的 33 家文创产业园区主要分布于以下 7 大类行业。

1. 文化艺术行业：798 艺术区、莱锦文化创意产业园（共 2 家）。

2. 新闻出版行业：中国北京出版创意产业园（共 1 家）。

3. 广播、影视行业：北京电影学院影视文化产业创新园平房园区、中关村数字电视产业园、星光影视园、77 文创园、北京天桥演艺区、东亿国际传媒产业园、弘祥 1979 文化创意园、天宁 1 号文化科技创新园（共 8 家）。

4. 软件、网络及计算机服务行业：清华科技园、中关村东升科技园、中关村软件园、北京城乡文化科技园、768 创意产业园、北京大兴新媒体产业基地、北京文化创新工场车公庄核心示范区、恒通国际创新园、西什库 31 号、"新华 1949" 文化金融与创新产业园、中关村雍和航星科技园（共 11 家）。

5. 广告会展行业：尚 8 国际广告园、"北京德必天坛 WE" 国际文化创意中心、北京懋隆文化产业创意园、西海 48 文化创意产业中心（共 4 家）。

6. 设计服务行业：北京 DRC 工业设计创意产业基地、751D · PARK 北京时尚设计广场、郎园 vintage 文化创意产业园、腾讯众创空间（北京）文化创意产业园（共 4 家）。

7. 其他：嘉诚胡同创意工场、数码庄园文化创意产业园、北京懋隆国际文化创意园（共 3 家）。

三、首批 33 家园区的开发建设模式分析

文化创意产业园区的开发建设模式主要有 4 种类型：自发形成模式、主导建设模式、改造租用模式、资源依托模式。自发形成模式是一种自下而上的发展模式，是指文化创意产业的从业人员或者公司因为对某些地域的环境具有相当的归属感和认同感，自发在一定区域或者范围内聚集而形成集聚区。主导建设模式是一种自上而下的发展模式，是指公司或政府在一定的范围或者区域内，集中发展某一种类型或多种类型的文化创意产业，然后根据园区功能定位进行功能配置和产业链设计，并搭建优质的公共服务平台，来营造一种适宜的创意氛围，吸引创意人士及公司入驻，进而发展成为文化创意产业园区。改造租用模式是指调整产业结构，利用存量闲置资源发掘历史文化价值，对原有资源（如工业厂房、仓库等）进行改造并加以利用，进而作为创作、经营等的活动场所，此外，进行功能置换，通过招租方式吸引创意人才及公司，进而形成集聚区。资源依托模式是指依托该区域的自然、人文、历史等创意资源，深入挖掘其文化内涵及发展潜力，通过梳理与整合其资源和产业，赋予其新的功能，并开发创意与服务而逐渐积聚形成的过程。这四种类型的园区开发建设模式并非互相排斥的，一些园区在开发建设时可能会兼有两种及以上的模式。

项目组根据对这 33 家文化创意产业园区相关资料进行分析，总结出其开发建设模式，具体结果见表 4-5 和图 4-28。

表 4-5　　　　　33 家文化创意产业园区的开发建设模式

园区名称	开发建设模式				
	自发形成	主导建设	旧厂改造租用	依托资源	其他
中关村软件园		√		√	
清华科技园		√		√	
北京 798 艺术区	√		√		

续表

园区名称	开发建设模式				
	自发形成	主导建设	旧厂改造租用	依托资源	其他
北京 DRC 工业设计创意产业基地		√	√		
751D·PARK 北京时尚设计广场			√		
768 创意产业园		√		√	
77 文创园			√		
北京城乡文化科技园		√	√		
北京大兴新媒体产业基地		√			
"北京德必天坛 WE" 国际文化创意中心			√		
北京电影学院影视文化产业创新园平房园区		√		√	
北京懋隆文化产业创意园			√		
北京塞隆国际文化创意园		√	√		
北京天桥演艺区		√			
北京文化创新工场车公庄核心示范区		√	√		
东亿国际传媒产业园		√			
恒通国际创新园			√		
弘祥 1979 文化创意园			√		
嘉诚胡同创意工场		√	√		
莱锦文化创意产业园		√	√		
郎园 vintage 文化创意产业园		√	√		
尚 8 国际广告园			√	√	
数码庄园文化创意产业园		√			
腾讯众创空间（北京）文化创意产业园		√			
天宁 1 号文化科技创新园		√	√		
西什库 31 号		√	√		
西海 48 文化创意产业中心		√	√		
"新华 1949" 文化金融与创新产业园		√	√		
星光影视园		√			

续表

园区名称	开发建设模式				
	自发形成	主导建设	旧厂改造租用	依托资源	其他
中关村东升科技园		√			
中关村数字电视产业园		√	√		
中关村雍和航星科技园		√			
中国北京出版创意产业园		√			

资料来源：项目组根据网络数据整理。

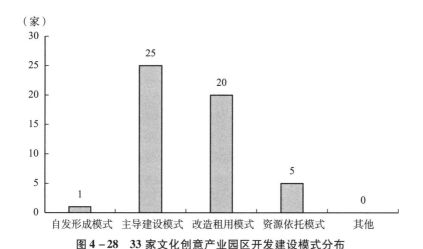

（家）

图 4 - 28　33 家文化创意产业园区开发建设模式分布

资料来源：项目组根据网络数据整理。

从表 4 - 5 和图 4 - 28 分析可见，在 33 家认定园区中，最主要的开发模式是主导建设模式，有 25 家，占比 75.8%，这说明政府或相应主体主动规划并建设是文创园区形成的主要模式。其次是改造租用模式，有 20 家，占比 60.6%，这说明随着园区运营的产业化及一大批文创园区运营企业的涌现，越来越多的园区产权单位可以把其园区经营委托出去，让专业的公司做专业的事，提高园区招商和运营效率。

四、首批 33 家园区面积规模分析

项目组从园区面积方面对首批 33 家园区进行了规模分析，分析结果见图 4 - 29 和图 4 - 30。首先，园区规模排名前三的分别是中关村软件园、中关村东升科技园、星光影视园，这三家文化创意产业园区的占地面积分别达到 139 万、120 万和 76 万平方米。其次，从园区的面积规模来看，约 55% 的文化创意产业园区占地面积在 10 万平方米以下，21% 的文化创意产业园区占地面积在 10 万 ~ 20 万平方米。由此可见，北京市首批认定的 33 家文化创意产业园区大部分园区规模在 20 万平方米以下。

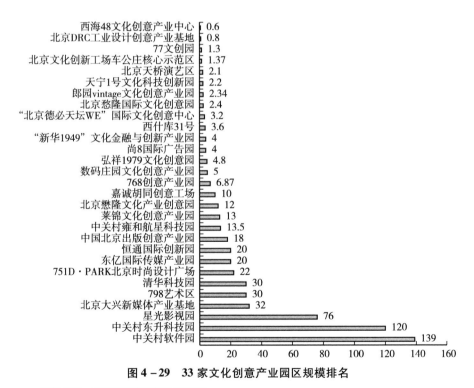

图 4 - 29　33 家文化创意产业园区规模排名

资料来源：项目组根据网络数据整理。

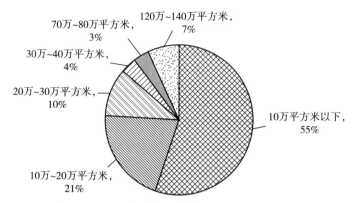

图4-30　33家文化创意产业园区规模分布情况

资料来源：项目组根据网络数据整理。

五、首批33家园区注册企业数量分析

注册企业数量也是衡量园区发展规模与水平的一个重要因素。项目组根据33家文化创意产业园区的地理位置，与企查查数据库中的企业注册地址相匹配，关联出文创园区的注册企业数量。汇总统计发现，这33家园区共有注册企业12 289家，平均每个园区的注册企业数量为372家，[①]其中注册企业最多的园区见图4-31。

根据图4-31所示，在首批认定的33家文化创意产业园区中，企业注册数量排前三的分别是西海48文化创意产业中心、中关村软件园和798艺术区，注册企业数量为2 128家、1 215家和898家，分别占比（与33家文化创意园区相比）17.32%、9.87%和7.3%。排名第10的园区为中关村雍和航星科技园，注册企业数量为473家，占比为3.85%。这10大园区共有注册企业数量8 582家，占全部33家园区的69.83%。从行政区域分布来看，东城区和海淀区最多，其中东城有"北京德必天坛"WE国际文化创意中心、嘉诚胡同创意工场、中关村雍和航星科技园，海淀区

---

① 其中星光影视园、北京天桥演艺区和弘祥1979文化创意园这3个园区因注册地址和企查查数据无法准确匹配，企业注册数量只有18家、9家和1家，可能与实际情况存在出入。因此实际企业数量和平均数量应该大于上述值。

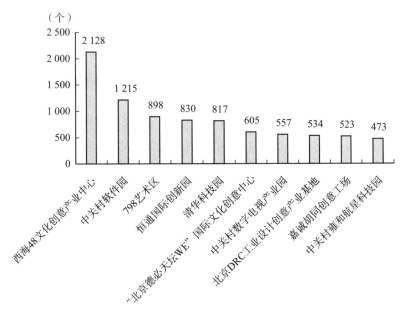

图4-31 首批33家园区注册企业数量排名TOP10

资料来源：项目组根据企查查数据整理。

则有中关村软件园、清华科技园、中关村数字电视产业园，西城和朝阳各有两家。从整体来看，文创园区的注册企业基本上聚集在首都功能核心区和核心功能拓展区。

六、首批33家园区注册资金情况分析

运用与园区注册企业数量相同的分析方法，项目组对首批33家园区企业的注册资金情况进行了数据关联。汇总统计结果显示，33家园区共有11 240家企业登记了注册资金，资金总额达到2 583.7亿元，平均每个园区的注册资金达到78.3亿元，平均每个企业的注册资金达到2 299万元。① 其中注册资金排名前10的园区见图4-32。

---

① 与注册企业数量相比，显示注册资金的企业少了1 049家，有个别园区企业的注册资金数据缺失比较严重，中关村科技园、清华科技园、西海48文化创意产业中心分别缺失了142家、102家和87家，计算平均数时已做扣除。

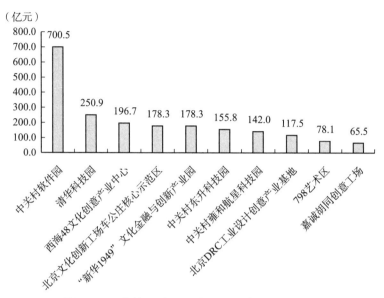

图 4 – 32　首批 33 家园区企业注册资金排名 TOP

资料来源：项目组根据企查查数据整理。

　　如图 4 – 32 所示，在首批认定的 33 家文化创意产业园区中，注册资金排名前 3 的园区分别是中关村软件园、清华科技园、西海 48 文化创意产业中心，注册资金规模分别达到了 700.5 亿元、250.9 亿元和 196.7 亿元，排名第 10 的是嘉诚胡同创意工场。从行政区域分布来看，西城最多，有 4 个园区（西海 48 文化创意产业中心、北京文化创新工场车公庄核心示范区、"新华 1949" 文化金融与创新产业园以及北京 DRC 工业设计创意产业基地），其次是海淀，有 3 个园区（中关村科技园、清华科技园、中关村东升科技园），再次是东城，有 2 个园区（中关村雍和航星科技园、嘉诚胡同创意工场），朝阳有 1 家（798 艺术区）。从注册资金规模来看，文创与科创融合紧密的园区，在注册资金规模上优势相对大一些。

第四节　北京文化创意产业园区发展产生的效应

空间载体促进了文化创意产业的高质量发展。近几年，北京市已出现一批特色鲜明的文化产业园区，推动了文化产业集聚发展。这些文化产业园区各具特色，有的"大而专"，提供全方位的产业公共服务，为文化企业营造了良好的发展环境，例如中关村软件园、清华科技园等；有的"小而美"，提供具有行业特色的专业化平台服务，如北京 DRC 工业设计创意产业基地、中国北京出版创意产业园等；有的是在保护及利用老旧厂房的基础上改造而成的，如莱锦文化创意产业园、天宁 1 号文化科技创新园等；有的实现了跨区域连锁经营，通过自主建设、合资运营、品牌授权等方式，提高园区影响力及知名度，如尚 8 国际广告园、北京文化创新工场车公庄核心示范区等；有的实现了文化园区与文化社区的有机融合，配套了影剧院、小剧场、实体书店等公共文化空间，如郎园 Vitage 文化创意产业园、77 文创园等。

北京市文化创意产业园区的发展及其基础设施和公共服务水平的提高，不仅促进了要素的合理配置，而且激发了文化创意企业的活力和内生动力。文化创意产业园区发展产生的效应可以从四个方面来分析。

一、文化与科技融合，催生文化新业态

文化与科技融合发展，推动了文化产业供给侧结构性改革，以高质量的文化产品和服务来满足人民对美好生活日益增长的需求。同时，为文化创意产业的发展带来了新的活力，催生了文化新业态。

例如中关村数字电视产业园以科技为支撑、以文化为引领，以牡丹 IMS 智慧＋云平台为核心，开启智慧孵化建设，通过探索首都中心城区 C－net（超硅巷）发展模式，高度融合文化和科技，一批又一批的融合科技与文创的优秀企业或者文化"独角兽"企业被培育出来。E9 区创新工

场以文化科技融合为产业定位，吸引了数量众多的文化科技相融合的高科技企业，包括独角兽企业集奥聚合、36氪、特斯联，B+轮准独角兽企业智齿科技等一批高成长创新企业，集聚关联产业上下游企业达80余家。其中独角兽企业3家，文化创意企业40余家，科技企业30余家。E9通过优势对自身进行精准的定位，在园区内聚集了大量优质的、具有鲜明特色的科技文化融合性企业，从而使园区内产业平台呈现出"文化+科技+服务+应用场景"的特点，带动园区内上下游企业的稳定发展。751D·PARK北京时尚设计广场围绕首都"文化中心"与"科技创新中心"功能定位与"高精尖"产业发展，园区核心为创意设计，协作共享服务平台是依靠科技的创新、创意内容的运营、资源的集聚、产业的融合而建立的。园区正努力朝着国际化、高端化、时尚化、产业化的目标前进，争取成为文化科技融合园区中的"佼佼者"。751为了让更多人体验先进的AI技术，将拥有的旧厂房改造为拥有先进技术的AI应用场景体验地。

文化产业链的创意、生产、传播、体验等各个不同环节在文化+科技的创新融合驱动力之下，均有大量文化科技类企业诞生。这些企业涉及的业务范围包括：文化+科技方面的投融资服务、创新创业的孵化服务、优秀人才的培养与引进服务、知识产权服务等多样化的文化产品和服务体验。

■ 二、文化与旅游融合，推动园区产业升级

推进文化旅游深度融合是首都高质量发展的战略选择，文旅融合对于首都的高质量发展起到关键撬动作用。北京市文化创意产业园区的快速发展，已深度扩展到传统文化与时尚文化、新旧产业、新媒体、科技等各个领域，并不断通过文创产品、文化创意产业园区、文创街区等功能形态呈现。文化创意产业园区与旅游融合，推动文化资源向旅游产品转换，推动园区产业升级。例如北京798艺术节，通过各种不同形式吸引开放艺术活动，提高参观游览的中外游客和北京当地居民参与艺术活动的兴趣，让更多人感受中国当代艺术的优秀成果。798艺术节已成为展示文化艺术区魅

力、打造园区品牌的重要活动，并正在成为一场引领中国文化艺术领域的盛典、一个国际性的文化品牌。

三、文化与金融融合，构建文化金融生态圈

文化与科技的融合为文化金融提供了新的方向。文化金融为文化科技的发展提供主要支持，并反过来引导和促进文化科技的创新发展，支撑文化产业新业态不断出现，促进产业快速转型升级。例如莱锦文化创意产业园内有一家为企业提供一站式服务的文化金融"超市"。2018 年 8 月，北京第一家文化金融服务中心在国家文化产业创新实验区正式投入使用，北京市多家金融机构纷纷入驻。文化金融"超市"经常开展各种活动，例如文化产业相关的讲座、扶持政策辅导和一些文化金融沙龙等，这些活动为有融资需求的文创企业提供平台与服务。文化与金融融合，促进金融产品创新，为文创企业融资提供新渠道。以往由于文化企业具有轻资产特征，无抵押造成融资难困境，现在入驻的文化金融服务平台，带来了大量金融机构，这些金融机构通过发布新型产品譬如"知识产权贷""无形资产融资租赁产品"等，使文化企业可以使用无形资产进行抵押。依靠知识产权等无形资产，也有实力取得金融机构的资本支持。人保财险还推出一款与文化创意产业相关的货运保险和艺术品财产保险，以此来应对艺术品高价值、难复制、难修复的特点。

中国人民银行北京营业管理部的数据显示，北京地区中资银行于 2019 年 1 月至 7 月，累计发放给文化产业贷款人民币 983.92 亿元，累积贷款户数为 5 973 户，分别同比增长 28.7% 与 58.1%，金融信贷条件的利好有力地推动了北京市文化产业的健康发展。2019 年上半年，北京市规模以上的文化产业企业总收入达 5 818.8 亿元，同比增长 9.1 个百分点，超国内同期增速 1.2 个百分点。文化与金融的产业融合，是整合资源、培育功能、重塑生产力的过程，充分发挥了金融对文化产业的驱动作用和塑造作用。

■ 四、园区与社区融合，助力文化传承与发展

旧工业区复兴、城市设施再利用、街区微更新、老旧厂房改建、特色小镇新建等，代表了城市更新改造中所呈现出的多元化载体形态与产业业态，展现了城市转型发展、存量资产盘活、建筑文脉承载的有益探索。文化创意产业园区与社区的有机融合，推动了区域经济转型升级，增强了城区文化活力，助力文化的传承与发展。

北京751园区是搭载着北京工业发展历史记忆的园区，目前致力于打造文化时尚消费的街区。751园区通过12年的转型，在工业中植入时尚产业，成功地从能源工业转变为文化创意产业，同时保留工业风格，使工业在文化创意氛围内获得新生。园区的ACE CAFE，为园区游览者营造一种特殊的氛围——夜间消费。为了给周边社区群体提供更多的文化消费空间，园区内的旁观书社延长了自己的经营时间。751园区还在园区内的旧铁轨上放置了20节旧火车车厢，建立起一个火车集市，集市内有书吧、有设计品的售卖、潮流新品的发布等。

北京朗园Vintage文化创意产业园区丰富社区居民生活，助力文化传承。园区每年策划一次为期一个月的朗园文化节，不仅丰富社区居民生活，也吸引新兴企业入驻。同时北京市文博会朝阳分会场、CBD商务节和北京设计周的分会场也先后进驻朗园。园区打造了兰境艺术中心、虞社演艺空间两个艺术空间。兰境艺术中心的艺术展厅以各种书法、艺术、美术作品展览为主，定期举办艺术酒会、艺术电影放映。综合展厅则用于承办各种艺术、文化交流活动和发布会、科技展示。虞社演艺空间曾经是北京国贸区域难得留存的老工业建筑，园区会在这里定期举办电影自习室、读书会、朗园大师课、创业论坛、创意市集等活动，增强了社区文化活力。朗园的"良阅·城市书房"是朗园和朝阳区文委共同打造的新型网络化书店。读者可以免费观看，并通过首都图书馆读者卡免费借阅。朗园Vintage通过举办这些活动，不仅为社区居民营造了文化氛围，也增强了周边社区的文化活力，助力了文化的传承与发展。

五、总结

文化创意产业集聚形成的园区通过规模经济和范围经济，促进文化创意产业的增长和生产率的提升，同时带动了文创相关产业的增长和经济的发展。文化创意产业园区的不断发展，一是产业链上企业间关联性增强，相关供应商的搜索成本减少，这样就有助于减少企业的交易费用与原始成本；二是使该地区的文创产业规模不断扩大，使市场需求逐渐增大，从而保障文化创意产业发展所需的规模经济；三是有利于经济发展，尤其是北京市第三产业占地区生产总值比例的增长，发展以科技与人才创新为动力的第三产业，有利于北京市发展高精尖产业，促进产业结构升级，达到疏解北京非首都功能的作用。

第五章 北京市文化创意产业园区公共服务发展现状

文化创意产业园区作为创意成果转化应用的平台，是文化科技成果转化及"产、学、研、用"相结合的载体，肩负着聚集创新资源、培育文化产业、推动城市化建设等重要使命。以文化产业为依托、园区为载体的文化创意产业园，在企业孵化、资源共享、金融服务和人才协作等方面拥有独特的优势，已进入全面迭代升级中。文化部办公厅《关于进一步完善国家级文化产业示范园区创建工作的通知》中明确提出，建设公共服务体系是文化产业园区创建工作的主要任务。文创园区迫切需要建立公共服务体系，为入驻企业提供系统、全面、方便、高效的综合性服务，园区的发展也需要完善的公共服务作为基础支撑。

第一节 文创园区公共服务的概念

宏观层面的公共服务是指由政府部门、国有企事业单位和相关中介机构履行法定职责，根据公民、法人或者其他组织的要求，为其提供帮助或者办理有关事务的行为。① 文创园区公共服务是园区根据入驻企业的产业类型，为企业提供水电暖网等基础公共服务以及工商财税、营销推广、人才培养、法律咨询、融资贷款、项目申报等专业增值服务，满足入驻企业的各类服务需求。公共服务功能体现了园区资源整合、平台共享的独特优势，使得包括资金资源、客户资源、生产技术资源、信息资源以及孵化、共享、金融、人才等各方面的资源得到充分的利用。园区公共服务体系完善与否，在很大程度上预示着园区发展的潜力和前景。

园区通常根据运营时间、入驻率、园区面积、年产值和入驻企业数量，并结合开发模式、运营方式及入驻企业的主要行业类型等提供相应的公共服务，满足企业的基本运营需求和全方位的专业类公共需求，衔接好园区企业间的产业链条。

第二节　文创园区公共服务的类型

文创园区公共服务的种类较多，不同类型的公共服务有着不同的作用，园区内各类型服务紧密结合，形成了完整的公共服务体系。文创园区公共服务通常可以分为以下两大类别。

一、基础类公共服务

基础类公共服务是入驻企业在园区中开展经营活动最重要的前提条件，可以保证园区和园内企业运营的有序进行，为企业提供良好的工作生活环境，高水平的园区管理也是提升园区品质和品牌价值的关键。该类型公共服务主要由基础物业、商务服务空间、公共休闲空间三部分组成，能够为园区内的企业和人员提供日常经营和生活所需的水电气热、卫生安

---

① 推行公共服务便捷化，切实转变政府职能．中国政府网，2019 – 11 – 18. http：//www. gov. cn/zhengce/2016 –01/14/content_5032926. htm/2016 – 1 – 14.

保、公共环境、网络技术支持、会议室、会客厅、餐饮、便利店、健身房、书店等诸多基本服务。建立完善的基础类公共服务往往需要系统的规划和一定规模的投入，完整的基础公共服务有助于解决企业的共性需求，对企业发展起到巨大的推动作用。对于新建、扩建的文创园区，优先发展基础类公共服务，能让整个园区的效益和竞争力快速提升。

二、专业类公共服务

专业类公共服务是指园区应用专业知识和专门技术，按照入驻企业的需要和要求，为其经营管理提供具有技术化、知识化特征的专业性服务，是文创园区公共服务体系多样化、系统化的重要保障。专业类公共服务主要包括三种：工商咨询类、经营管理类和政策支持类，它们分别为企业提供不同类型的服务，从而构成完整的专业公共服务体系。

（一）工商咨询类

工商咨询类公共服务主要包括为入驻企业提供工商注册、工商税务、会计财务、法律法规咨询等服务。专业的服务团队比企业更加熟悉各地区工商政策以及工商注册、税务等流程，帮助企业处理工商疑难问题，还能为企业提供代理记账、财务规划等专业服务，使企业能够良好经营。同时，为企业提供工商、法律、财务等多种咨询服务，能够帮助企业规范化经营，促进企业健康稳步发展。

（二）经营管理类

园区提供的经营管理类公共服务主要包括高新技术认证、人力资源、知识产权、创业孵化、金融服务、品牌宣传、特色产业集聚发展以及组织园区上下游企业互动交流等专业性服务。经营管理类公共服务能够加强对企业的引导和指导，帮助企业提升经营管理能力，加强产业协同，增强企业自主创新能力，走持续创新发展道路。如园区融合多方优质媒体资源，为有潜力的园区企业提供整合品牌推广服务；在园区内举办文创产业人才招聘会，为企业提供专业人才招聘及培训服务等。创业孵化和金融服务属于专业类公共服务中最为重要的、高层次的服务类型，能够直接体现出园区专业类公共服务的水平。创业孵化服务是指园区为入驻的初创小微企业提供基本的生产经营场地以及有效的创业指导等综合性服务，通过为初创企业提供有形和无形服务来降低创业风险和成本，提高初创企业的成功概率，帮助企业生存和成长；金融服务能够帮助文化企业解决融资难问题，通过搭建公共服务平台，推动金融机构与企业对接，推出各项创新类金融产品，推进园区企业信用体系建设，加强金融服务配套机制，拓宽企业融资渠道，解决文化企业在发展过程中的资金需求。

（三）政策支持类

政策支持类公共服务主要包括提供政策信息发布与解读、政府及园区补贴咨询及申请、政府支持类培训、园区与企业常态化联系、园区工作满意度反馈以及企业政策建议收集等服务。由于各级政府、各个部门的产业扶植政策和资金补贴项目较为繁杂，园区通过提供专业性服务，帮助企业对政策进行梳理，寻找适合的政策和项目，为进驻企业提供政策引导服务、项目申报服务，协助企业对接政策、申报项目或相关资质认证。政策支持类公共服务能够满足企业在发展过程中对文化创意产业相关政策信息的需求，确保企业及时准确地了解行业最新政策信息和动向，加强与企业之间的沟通交流，确保企业的意见建议得到快速反馈，为企业发展提供更好的保障。

第三节　文创园区公共服务的作用

一、改善园区创业环境，助力入园企业发展

园区构建公共服务体系，为企业提供或多或少、或繁或简的公共服务，一方面延展了自己的业务链条，提高了运营服务能力；另一方面使园区的创

业环境得到改善，有助于园内企业的快速发展。基础类公共服务能够满足园区内企业运营的基本需求，而专业类公共服务能够帮助企业改善经营管理、降低运营成本、畅通信息渠道、提高运营效率，从而使企业实现更好的发展。

二、创建园区运营模式，培育园区运营人才

随着园区公共服务体系的不断完善和增值服务的不断深入和拓展，园区能够发挥自身优势，创建独特的商业运营模式，同时也锻炼培养了园区运营管理专门人才，有利于解决园区自身的长远发展问题。

三、树立园区品牌形象，利于园区招商

当文创园区公共服务体系的构建逐渐深化，并取得一定绩效时，可以成为园区运营与发展的"蓝海"，能够助力园区树立良好的品牌形象，提升影响力，对园区招商大有裨益。

四、实现资源整合，促进文创产业发展

公共服务达到深化发展以及创新生态发展阶段的园区，能够进一步聚集、整合文创产业资源，使产业链上的企业分工协作、实现产业对接和产业互助，从而大大提升产业效率和产业效益，进而有利于促进园区所属区域文化创意产业的发展。

第四节　北京市文创园区公共服务现状
——基于问卷调研的分析

园区公共服务是文化创意产业发展的重要组成部分，对促进产业发展和园区环境改善具有重要作用。健全完善的公共服务体系，是衡量园区核

心竞争力的重要指标之一。近年来，北京市文创园区公共服务体系逐步健全，园区有效整合各类资源，针对园区定位和主导产业特点和需求，为文化企业提供多元、高效、便捷、开放的公共服务，助力文化企业发展，园区公共服务水平不断提高，园区内企业数量和规模实现增长，园区形成了良好的生态环境。随着文创园区吸引越来越多的企业进驻，对园区公共服务的供给也提出了新的挑战。

为深入研究北京市文创园区公共服务的发展情况，课题组开展了针对北京市重点文创园区及园区内企业的实地调研，对相关领域专家进行访谈，听取专家对于问卷设计的意见和建议，结合北京市文创园区的特点和具体情况，设计了针对园区企业的《园区公共服务水平及服务需求调研问卷》和针对园区的《园区公共服务现状调研问卷》。2019 年下半年，在北京市范围内针对文创园区和园区内入驻企业共发放 220 份调研问卷，成功收回并确认有效问卷 215 份。运用 SPSS 和 EXCEL 软件，对有效问卷进行分析和处理后得出分析结果，目的是了解北京市文创园区基本概况、公共服务的整体水平、企业对公共服务平台的需求、企业对公共服务的满意程度、园区公共服务存在的问题等情况，为公共服务管理机制的优化和完善提供借鉴。

一、企业调研问卷结果分析

企业问卷调研分别从企业对园区公共服务的满意度和需求度两个方面进行调查和对比。在此，将调研问题按照公共服务类型分为四大类，即基础服务类、工商咨询类、经营管理类和政策支持类，分别进行归纳总结。

（一）企业满意度分析

问卷中企业对园区公共服务满意度调查部分共 22 题，每题评价分为 5 级，其中 1 级代表"服务非常差"，5 级代表"服务非常好"。为了便于分析，将级别用得分表示，满分为 5 分，分数越高，表明企业对此问题的满意度越高。

1. 基础服务类

由表 5-1 可知，企业对园区公共服务中的基础服务满意度最高，平均得分达到 4.10 分，排名第一位。从分项结果来看，企业对水电气热以及设施维修等基础物业服务整体满意度较高，有 86.6% 的企业评分为 4 分及以上，10.9% 的企业评分为 3 分，仅有 2.5% 的企业选择了服务较差和非常差；卫生保洁的平均得分为 4.08 分，选择 4 分和 5 分的企业占比分别为 38.6% 和 37.6%，另有 19.3% 的企业选择 3 分，认为服务一般，4.5% 的企业选择 2 分及以下；公共环境平均得分略低于卫生保洁，为 4.04 分。其中，选择 4 分和 5 分的企业占比分别为 43.6% 和 33.7%，两项总和占到了总数的 77% 以上，还有 17.8% 的企业选择了 3 分；网络设施和技术支持项得分为 4.23 分，在基础服务类中得分最高。超过 85% 的企业对这项服务评价较好，仅有不足 15% 的企业认为服务较差或有待提升；会议场所设施的综合得分为 4.11 分，选择 5 分、4 分和 3 分的企业占比分别为 37.1%、41.6% 和 17.3%；工作和生活周边配套设施平均得分为 3.97 分，在基础服务类中得分最低。选择 4 分"较好"的企业较多，占到总数的 42.6%，选择 5 分和 3 分的企业占比分别为 29.2%、24.3%，说明园区在周边配套设施方面还有进一步提升的空间。

表 5-1　　　　　　　　　基础服务满意度得分

服务类别	具体类别	得分	平均分
基础服务类	水电气热	4.15	4.10
	卫生保洁	4.08	
	公共环境	4.04	
	网络设施	4.23	
	会议场所	4.11	
	周边配套	3.97	

2. 工商咨询类

企业对园区工商咨询类服务满意度较高，平均得分达到 4.08 分，排在第二位（见表 5 - 2）。从分项来看，工商注册和会计财务两项平均得分为 4.13 分和 4.11 分，位于工商咨询类的前两名。其中，工商注册项下选择 4 分和 5 分的企业数量占比为 81.6%；此外，会计财务项下选择 4 分和 5 分项的企业占比分别为 38.1% 和 39.1%，总和达到 77.2%，说明大部分企业对于园区的工商注册和会计财务服务比较满意；工商税务项的得分为 4.08 分，选择 5 分、4 分、3 分的企业占比分别为 35.1%、42.1%、19.8%；法律咨询平均得分为 3.99 分，在工商咨询类中排名最后，选择 5 分和 4 分的企业依旧较多，占比达到 30.2% 和 44.6%，但仍有 25% 左右的企业认为目前园区提供的法律咨询服务有待加强。

表 5 - 2 工商咨询服务满意度得分

服务类别	具体类别	得分	平均分
工商咨询类	工商注册	4.13	4.08
	工商税务	4.08	
	法律咨询	3.99	
	会计财务	4.11	

3. 经营管理类

如表 5 - 3 所示，企业对园区经营管理类服务的满意度相对偏低，平均得分为 4.02 分，排名第三位。从分项来看，高新技术企业资质申请、知识产权、特色产业集聚发展以及组织园区上下游企业互动交流（生态集聚）三方面的得分较高，均为 4.05 分。对于这三项服务选择 5 分的企业占比分别为 34.7%、34.2%、34.2%，从三者的选择结构来看，企业对特色产业集聚发展以及组织园区上下游企业互动交流（生态集聚）相关服务的整体满意度略优于另两项，说明园区比较重视对特色产业的聚集和企业的交流互动，服务水平和质量让大多数企业满意；品牌宣传及营销支持服务表现也较好，平均得分 4.04 分，选择 5 分、4 分的企业占比分别为 35.1% 和 41.1%；创业孵化支持和金融服务平均得分分别为 4.01 分和 4 分，服务满意度一般；招聘、引进等人力资源服务在经营管理类中排名最后，平均得分仅为 3.97 分，选择 4 分的企业居多，占到 50.5%，选择 5 分和 3 分的企业数量相近，占比分别为 24.8% 和 22.3%，在人力资源服务方面，园区之间存在一定的差距，导致选服务水平非常好和一般两个选项的企业数量接近。

表 5 - 3　　　　　　　　　　经营管理服务满意度得分

服务类别	具体类别	得分	平均分
经营管理类	高新技术	4.05	4.02
	人力资源	3.97	
	知识产权	4.05	
	创业孵化	4.01	
	金融服务	4	
	品牌宣传	4.04	
	互动交流	4.05	

4. 政策咨询类

企业对政策咨询类公共服务的满意度也相对偏低，与经营管理类并列第三名（见表 5 - 4）。从分项来看，政策信息发布与解读服务排名第一，平均得分 4.07 分，选择 5 分的企业最多，为 39.1%，比选择 4 分的企业数高出 3%，两项共占比 75.2%，表明园区在提供政策信息发布解读方面服务较好，园区能够帮助企业及时、清晰地了解相关政策，掌握最新政策动态；园区与企业常态化联系、园区工作满意度反馈以及企业政策建议收集等方面服务的平均得分为 4.02 分，选择 4 分和 5 分的企业共有 158 家，占比 78.7%，其中有 47.5% 的企业对此项服务水平比较满意，21.3% 的企业认为园区此项服务较好，选择 3 分的企业占比 15.3%，2 分及以下占比 6%；政府及园区补贴咨询及申请服务和政府支持类培训服务的平均得分均为 4 分，服务满意度相对偏低。政府及园区补贴咨询及申请服务中，选择 4 分的企业较多，达到 94 家，占比 46.5%，选择 5 分的企业和选择 3 分及以下的企业分别占比 29.7%、24.8%，得分可以反映出目前园区政府

补贴、优惠申请等公共服务能力方面仍存在不足，政府支持培训服务能力
也需要进一步提高。

表5-4 政策支持服务满意度得分

服务类别	具体类别	得分	平均分
政策支持类	政策信息	4.07	4.02
	补贴咨询	4	
	培训服务	4	
	建议收集	4.02	

由上述结果可以得出，在所调查的21个公共服务类别中，满意度最
高的是网络设施及技术支持等服务，平均满意度达到了4.23分；满意度
最低的是招聘、引进等人力资源服务，得分只有3.97分。四个大类别中，
基础服务类公共服务满意度最高，平均满意度得分为4.10分；工商咨询
类公共服务的企业满意度排在第二名，平均得分为4.08分，经营管理和
政策支持类公共服务的企业满意度最低，得分为4.02分，并列第三名。

上述结果反映出，目前北京市文创园区基础公共服务已经达到较高水
平，能够为入驻企业提供基本的工作和生活保障，但在周边配套设施方面
仍有进一步提升的空间；工商咨询服务整体水平也比较好，但法律咨询服
务的水平仍有待提高；经营管理类服务的满意度参差不齐，其中人力资
源、创业孵化、金融三方面服务需要重点加强，从而更有效地帮助入驻企
业快速发展；政策咨询服务作为园区公共服务的重要组成部分，同样值得
关注，尤其在补贴申请、政府支持类培训两方面的服务方面应重点加强。

（二）企业需求度分析

企业需求度调查部分共22题，每题评价分为5级，其中1级代表
"无需求"，5级代表"需求非常强烈"。为了便于分析，同样将级别用得
分表示，满分为5分，分数越高，表明企业需求度越高。

1. 基础服务类

企业对园区基础服务的需求度最高，平均需求度得分达到 4.04 分，排名第一位（见表 5 – 5）。从分项结果来看，卫生保洁服务需求度最高，平均得分 4.13 分；工作和生活周边配套设施等服务的需求程度排名第二，平均得分 4.11 分，与企业满意度得分结果相比较可以发现，企业对于周边配套设施的满意度得分为 3.97 分，排在 21 类服务的最后一名，说明目前园区内的工作和生活配套设施服务水平较低，而企业对这方面服务有较高的需求，这就需要园区在这方面持续改进；此外，基础服务中，需求得分后三位为网络设施、水电气热和会议场所服务，对比满意度结果，这三方面服务的企业满意度较高，说明目前园区在这三方面的服务水平较高，应该继续保持并不断完善。

表 5 – 5　　　　　　　　　基础服务需求度得分

服务类别	具体类别	得分	平均分
基础服务类	卫生保洁	4.13	4.04
	周边配套	4.11	
	公共环境	4.06	
	网络设施	4.04	
	水电气热	3.96	
	会议场所	3.93	

2. 工商咨询类

表 5 – 6 显示，工商咨询类的综合需求度得分为 3.90 分，排在四个类别中的最后一名，企业对工商咨询类的需求度相比其他服务较低。法律咨询、工商税务、工商注册和会计财务的平均得分分别为 3.98 分、3.89 分、3.87 分、3.87 分。其中，工商税务、工商注册和会计财务的企业满意度较高，同时对应的需求度相对偏低，说明园区在比较基础的专业类服务中表现较好；法律咨询类得分排名在 21 类服务中处于中间位置，且企业满意度得分靠后，说明园区的法律咨询服务水平不高，且

部分企业对园区提供的法律咨询服务具有一定需求，园区应重点提升这方面的能力。

表5-6　　　　　　　　　　　工商咨询服务需求度得分

服务类别	具体类别	得分	平均分
工商咨询类	法律咨询	3.98	3.90
	工商税务	3.89	
	工商注册	3.87	
	会计财务	3.87	

3. 经营管理类

企业对园区经营管理类服务需求度的平均得分为3.93分，排在第三位（见表5-7）。从结果可以看出，特色产业集聚发展以及组织园区上下游企业互动交流（生态集聚）方面的服务需求度较高，得分为4分，园区应该多为入驻企业提供上下游企业互动交流的机会，注重特色产业聚集发展；同时，企业在品牌宣传及营销支持服务方面也有一定的需求，平均得分3.99分，说明企业希望通过园区提供的平台提升品牌知名度以及获得系统的营销支持；金融服务和创业孵化这两项服务的需求程度处于中等偏下的水平，得分分别为3.95分和3.93分。经营管理类服务的需求程度排在后三位的是知识产权、高新技术企业资质申请和招聘、引进等人力资源，结合满意度调研结果来看，多数园区能够提供较好的知识产权服务，且企业自身也具有一定的能力办理知识产权申请；对于高新技术资质申请，可能由于大部分企业不满足此项申请的条件，因此需求程度较低；人力资源的满意度排在最后，需求度得分也相对靠后，企业对园区这方面服务评价不高，可能多数企业更倾向于通过内部方式解决招聘、人才引进等问题。

表 5 - 7 经营管理服务需求度得分

服务类别	具体类别	得分	平均分
经营管理类	互动交流	4	3.93
	品牌宣传	3.99	
	金融服务	3.95	
	创业孵化	3.93	
	知识产权	3.90	
	高新技术	3.88	
	人力资源	3.84	

4. 政策支持类

由表 5 - 8 可知, 政策支持类公共服务的企业需求度得分为 3.99 分, 排在第二位, 其满意度得分排在四大类中的最后一名, 说明对于这类公共服务企业的满意度较低, 但需求度较高。政府及园区补贴咨询及申请服务的需求度最高, 平均得分 4.02 分, 其满意度排名靠后, 企业比较需要园区为自身提供补贴咨询和申请等相关服务, 但对目前的服务情况满意度较低; 政策信息发布与解读服务得分为 4.01 分, 满意度在整体排名中位于第 8 位, 但随着企业需求程度提高, 服务水平还需继续提高; 政府支持类培训服务得分 3.98 分, 需求程度排在中等偏上, 满意度排名靠后, 同样表明企业对这项服务有一定需求, 但从目前园区整体情况看, 培训服务水平偏低, 仍需要大力加强; 此外, 也有部分企业对于园区与企业常态化联系、园区工作满意度反馈以及企业政策建议收集等方面具有服务需求, 园区要与企业保持联系, 及时收集和处理企业反馈的问题和政策建议, 帮助企业解决发展中遇到的问题。

表 5 - 8 政策支持服务需求度得分

服务类别	具体类别	得分	平均分
政策支持类	培训服务	3.98	3.99
	补贴咨询	4.02	
	政策信息	4.01	
	建议收集	3.93	

由分析结果得出，在调查的 21 个公共服务类别中，企业需求度得分前三名的是卫生保洁、工作和生活周边配套、公共环境服务；需求度得分后三位是人力资源、会计财务和工商注册、变更、注销类公共服务。四个大类别中，基础服务类公共服务需求程度仍然最高，平均需求度得分为 4.04 分；政策支持类公共服务的企业需求度排在第二名，平均得分为 3.99 分；经营管理和工商咨询类公共服务的企业需求度较低，得分分别为 3.93 分和 3.90 分，位列第三、四名。

通过需求度调查结果与满意度评价结果对比可以看出，虽然园区基础公共服务的满意程度较高，园区已经能够为入驻企业提供基本的工作和生活保障，但是企业对基础服务的要求和种类仍在不断提高，园区需要为入驻企业和人员提供更好的创业环境，更完善的休闲和娱乐项目；政策支持类的需求度较高，满意度较低，企业对于这类公共服务有一定需求，但目前园区为企业提供政策支持类公共服务的水平有限，还有较大的提升空间；与满意度结果相似，经营管理类公共服务需求度各项得分参差不齐，其中特色产业集聚发展以及组织园区上下游企业互动交流是目前企业需求度较高的服务项目，同时园区还应为企业提供更好的品牌宣传、投融资和创业孵化等公共服务，切实为企业发展提供有力的支持；工商咨询类服务的需求度整体偏低，企业在补贴申请、政策信息发布与解读、政府支持类培训等方面有一定需求，与满意度相对比可以看出，园区在政策支持类公共服务能力上也需进一步提升。

二、园区调研问卷结果分析

园区调研结果显示，北京市文创园区公共服务正在逐步完善，但目前仍处于发展期。园区之间发展能力存在较大差异，有 33.3% 的园区仅能提供基础服务，33.3% 的园区已经可以为入驻企业提供深化服务，16.7% 的园区正在构建创新生态环境；超过半数的园区已经具有较为成熟和清晰的运营服务模式，但也有三分之一以上的园区仍处于最基础的运营服务阶段。

（一）园区基础公共服务

园区基础公共服务水平较高，发展情况优于专业类服务。如图 5 - 1，其中，基础物业方面，水、电、维修、通信等服务基本实现 100% 全覆盖，网络及技术支持的覆盖率高达 91.67%，卫生保洁服务的提供率为 83.33%，另有 41.67% 的园区提供办公设备租赁服务；如图 5 - 2，商业设施服务方面，所有园区都能够为入驻企业提供公共会议室和报告厅，91.67% 的园区能为企业提供公共会客区，50% 的园区中设有产品展示厅，园区从多方面对商业设施进行完善，从企业实际需求出发，确保为企业提供满意的服务；如图 5 - 3，公共休闲服务水平较高，91.67% 的园区内设有餐饮、便利店、散步区，另外分别有 83.33%、75% 和 50% 的园区内设有茶室、咖啡厅、健身场所和书店等，能够为园区内入驻企业和人员提供日常生活及休闲娱乐服务；内设银行的园区较少，仅占 25%。

所有受调研园区均计划进一步优化和升级物业设施、商业空间和休闲空间等基础公共服务质量，不断增加服务种类，提升服务质量，为企业带来更好的入驻体验，满足企业的共性和特性需求，从而提升园区公共服务水平和综合竞争力。

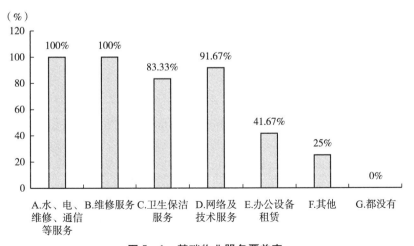

图 5 - 1　基础物业服务覆盖率

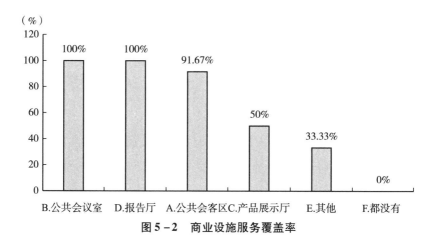

图 5-2　商业设施服务覆盖率

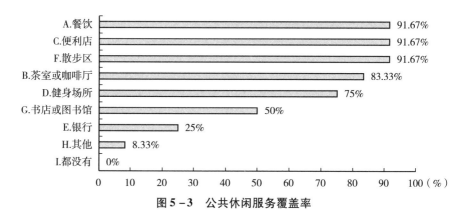

图 5-3　公共休闲服务覆盖率

（二）园区专业类公共服务部分

园区为企业提供的专业类公共服务仍处于基础阶段，高端专业类公共服务供给能力有待提高。

从园区向企业提供专业服务的方式来看，目前仍以通过企服中介活动和自有团队提供两种方式为主，分别占总数的 75% 和 66.67%。另外，设立专职岗位人员和外部团队驻场方式为企业提供服务的园区比例相同，均为 58.33%。还有一半的园区通过网站、小程序等为企业与服务商之间建立线上对接平台等方式提供专业服务，如图 5-4。

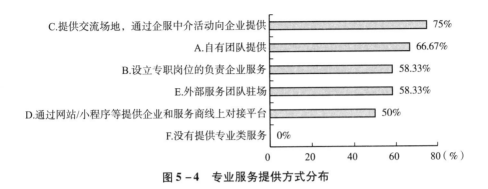

图5-4　专业服务提供方式分布

园区已拥有不同的公共信息发布平台，微信公众号是园区最重要的信息平台，占比100%。同时，还有33.33%的园区拥有官方网站，25%的园区拥有官方微博，16.67%的园区能够为企业提供杂志、园区大屏等其他平台。但目前园区的公共信息发布平台渠道较为单一，园区和企业对平台渠道的重视程度不足，平台渠道的丰富度和利用率仍有较大提升空间，如图5-5。

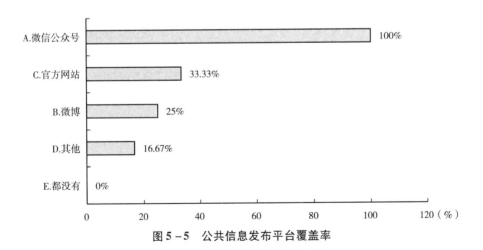

图5-5　公共信息发布平台覆盖率

财税和工商服务方面，有75%和83.33%的园区能够提供基础的税务和工商注册服务。也有半数以上的园区可以提供其他方面的税务服务如一般纳税人申请与注销、代理记账、审计服务等；有75%的园区可以为企业提供企业变更和注销服务。但在更专业的领域，如资产评估、股权变更、公司年报等方面，服务能力明显不足，含有这些服务的园区占比仅有33.3%、16.67%、25%。此外，仍有25%和16.67%的园区无法为企业提供任何一项税务或工商服务，如图5-6和图5-7。

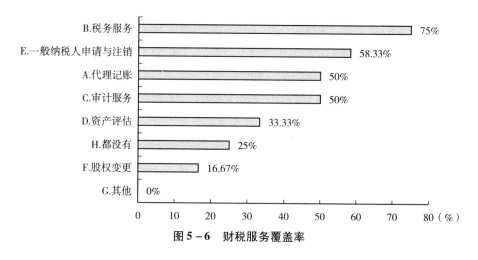

图5-6　财税服务覆盖率

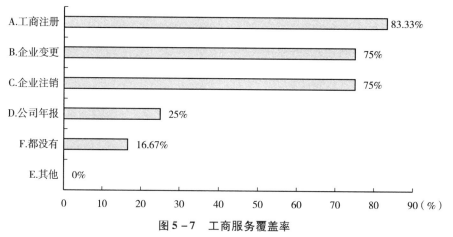

图5-7　工商服务覆盖率

金融服务是园区入驻企业需求度最高的专业类服务之一。从调研结果来看，目前园区为入驻企业提供金融服务的能力及水平较低，且种类有限。仅有50%的园区所提供的金融服务中包含贷款服务。信用担保、创投基金、融资租赁等金融服务提供能力不足，分别占33.3%、16.67%、16.67%。仍有三分之一的园区无法为入驻企业提供任何金融服务，如图5－8。

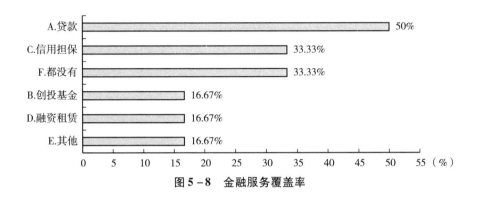

图5－8　金融服务覆盖率

人力资源服务方面，超过四成的园区没有此类服务，能为企业提供人员招聘与人员培训等服务的园区数量也没有超过50%，如图5－9。

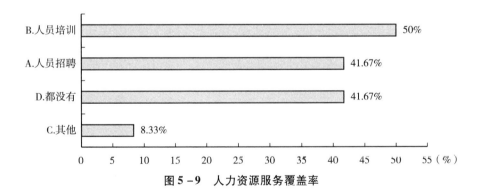

图5－9　人力资源服务覆盖率

人才服务方面，50%的园区能够提供最基本的员工生活服务，但是在公租房或其他住房、人才落户和人才落户方面还有待提高，能提供这些服务的园区仅占25%左右，同时仍有四分之一的园区没有提供任何此类型服务，如图5－10。

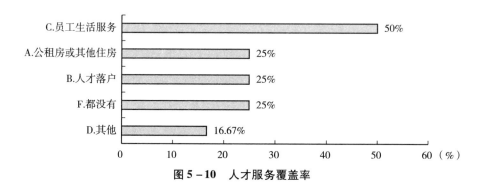

图 5 - 10　人才服务覆盖率

　　知识产权服务方面，包含版权申请、商标注册、专利申请等知识产权的园区分别占到 66.67%、50% 和 41.67%，但还有三分之一的园区目前未开展知识产权服务，如图 5 - 11。

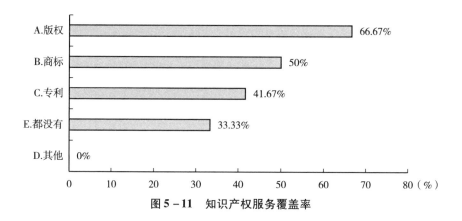

图 5 - 11　知识产权服务覆盖率

　　法律服务方面，41.67% 的园区没有为企业提供任何法律服务，41.67% 的园区提供诉讼服务；提供合同起草、合同审阅等法律服务的园区都仅占 33.33%，如图 5 - 12。

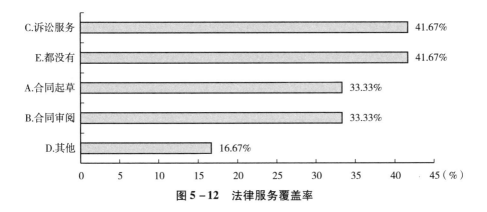

图 5 - 12 法律服务覆盖率

相比前几类服务，园区在提供产品及企业宣传服务的水平上较高。75% 的园区能提供企业宣传服务，能够为企业举办新闻发布会和文化产品发布会服务的园区达到 50%。不能提供任务服务的园区数量仅占 8.33%，如图 5 - 13。

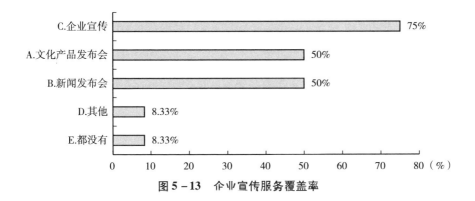

图 5 - 13 企业宣传服务覆盖率

园区在资质认证服务方面短板较为明显，66.67% 的园区没有提供资质认证服务的能力。仅有 33.33% 和 25% 的园区可以为企业提供高新认证和文化影视资质认证服务，8.33% 的园区能够提供电信资质认证服务，如图 5 - 14。

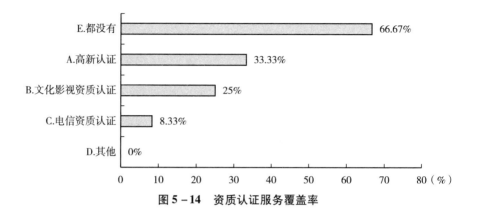

图 5-14 资质认证服务覆盖率

同样，园区在社保服务能力上也存在不足，50% 的园区没有提供社保服务。不足半数的园区提供社保开户和社保代缴服务，如图 5-15。

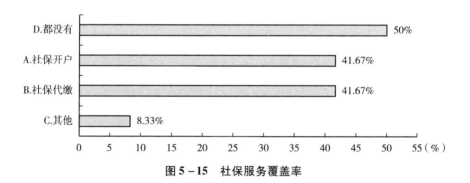

图 5-15 社保服务覆盖率

对于技术推广、产学研合作等方面的服务，50% 的园区选择与高校合作，为区内企业寻找新技术，33.3% 的园区寻求专业团队帮助企业寻找客户、对外推广，少部分园区通过成立专业部门，负责新成果、新技术在区内的展示与推广服务。但也有 41.67% 的园区无此类服务，如图 5-16。

其他服务中，政策建议及意见收集、政策追踪及发布、运营管理等专业性服务、各种政策性申报服务排名靠前，占比分别为 75%、66.67%、50%、50%（见图 5-17）。另有少数园区能够为企业提供产业链配套招商服务。此外，园区在对初创企业的重视和支持方面也存在不足，仅有

33.3%的园区引进了知名的孵化器、众创空间品牌，但在这些园区中也只有41.67%的孵化器或众创空间真正能为创业企业提供指导和服务。

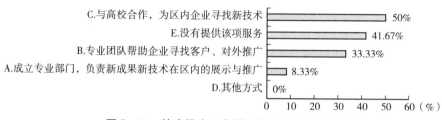

图5-16 技术推广、产学研合作服务覆盖率

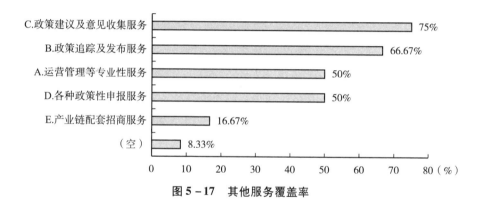

图5-17 其他服务覆盖率

综合来看，目前园区的专业公共服务水平仍不足，短板明显。金融、人力资源、法律、社保、资质认证、创业孵化等高端公共服务水平整体较低，超过四成甚至更高比例的园区无法完整提供这些服务。能够提供服务的园区中，服务能力和专业程度也存在一定差距，对入驻企业的帮扶作用有限。因此，专业类公共服务水平的提升是园区关注的重点。在调研中，大部分园区表示会针对这些问题不断完善和升级专业类公共服务，不断优化服务方式和种类，着重发展高端专业服务。

总体而言，北京市文创园区比较重视公共服务的发展，各园区正在努力通过良好的公共服务环境吸引优质企业入园，实现产业集聚和园区的升级，从而提升综合实力和竞争力，推动北京市文创园区整体公共服务水平和生态环境向更高层级发展。

第五节 北京市文创园区公共服务发展的特点

北京市文创园区通过发展公共服务功能，有效地整合资源，简化操作流程，缩短产业链条的中间环节，降低运营成本，给园区内的企业提供了巨大的便利与优惠。通过为企业入驻、办公、运营过程提供全方位支持，促进行业积聚及企业间的融合协同发展。目前北京市文创园区公共服务呈现出以下特点。

一、基础公共服务发展完善

园区的基础公共服务是入驻企业的基本需求，对企业后续发展具有至关重要的作用。在基础物业方面，水电暖、通信和维修服务是园区中企业生存和发展的最基本条件，园区的重视程度较高，建设较为完善，已经实现了全覆盖；商业服务设施中的公共会客区、公共会议室、报告厅和产品展示厅为客户提供了便利优惠的增值服务，提高了客户对园区和企业的满意度和好感；公共休闲服务中的餐饮、便利店、散步区、茶室或咖啡厅、健身房等休闲服务场所，为客户和企业员工在工作之余提供放松的空间，缓解了客户和企业员工的工作压力。由于园区内企业对基础公共服务的需求程度较高，政府的政策支持力度也较大，因此，目前北京市绝大多数园区能够根据入驻企业的具体情况，提供较为完善的基础公共服务。各园区依据专业定位，针对并满足相关产业的需求，为园区内企业提供合适用地、员工配套等休闲生活服务，不仅帮助企业节约了土地成本，还实现了工作娱乐化，服务多样化。优美、舒适、高效的工作环境，健康、宜居的生活空间，促进了个人和企业创新潜力的发挥。总体而言，企业对园区基础类服务的满意度较高。

■ 二、园区计划提供基础公共服务的愿望强烈

园区有强烈的愿望进一步改善基础公共服务，助力企业发展，推动园区持续健康发展。有超过一半的被调研园区都计划提供更多的基础公共服务，调整服务种类，提高服务能力。在水电暖、网络、维修和卫生保洁等基础物业服务之外，进一步开发会议中心和酒店餐饮等商务服务设施和公共休闲服务，以及美术馆等其他服务。大部分园区都有增加提供基础公共服务的园区规划和发展战略，希望通过良好的基础公共服务来吸引更多的优质企业入驻，得到政府更多的政策倾斜与支持，进而通过产业集聚达到规模经济效应，进一步降低成本。

■ 三、公共服务种类丰富和综合性强

园区为入驻企业提供了较为丰富的基础类公共服务和专业类公共服务，从物业、商业服务设施和公共休闲设施等满足企业日常运营的基本服务到信息发布、财税金融、人才、法律、资质认证和社保等满足企业高层次需求的专业服务，覆盖了从企业入驻到企业运营、发展的各阶段，满足企业多样化需求。许多园区还将为入驻企业提供更多的增值公共服务列入发展规划，包括在技术推广和产学研方面加大气力，通过专业团队帮助企业寻找客户、对外推广，与高校合作，为区内企业寻找新技术。园区有巨大的动力为区内企业提供丰富的公共服务，助力企业快速发展。如 E9 区创新工场建立了完善的企业政策服务平台与投融资金融服务体系，企业自入驻伊始，便可在企业公共服务平台上根据自身业态享受一对一政策咨询服务。郎园 Vintage 每年策划一次为期一个月的郎园文化节，随着影响力的提升，北京市文博会朝阳分会场、CBD 商务节和北京设计周的分会场先后都落户在郎园。文化节是园区为企业搭建的交流、展示及资源对接平台。

四、园区初步形成产业生态文化

园区公共服务发展迅速，在利用物理空间收房租、为入驻企业提供基础服务、为入驻企业提供专业服务进而提供增值服务的基础上，整合区内各种资源，努力构建创新生态环境，在园区及入驻企业之间构建起产业生态链，使区内有上下游关系的企业紧密合作、协同发展，提高生产效率，形成规模经济效应，从而使园区的整体运营效益不断提升，园区价值不断提升。区内的入驻企业就像自然生态系统一样，构成了闭合的循环体系，整个园区的日常运转更加高效，园区初步形成了产业生态文化，有利于园区和企业的可持续发展。

五、园区公共服务具有创新性和差异化

各个园区的公共服务能够在一定程度上体现自身特色。园区在提供基础和专业公共服务的基础上，能够深入了解入驻企业的具体情况，发掘企业的独特性和差异性，进一步根据入驻企业所属产业的类型，结合企业的具体需求，提供适合企业的定制服务，在园区经济承受范围内提供更具创新性和差异化的公共服务，满足企业更高层次的需求，推动企业的长远发展。如对于广播电视电影类和广告会展类的企业，园区既会提供会议中心等商务服务设施，也会提供酒店餐饮等公共休闲服务，还会提供美术馆等其他服务。如E9区创新工场正在积极推动园区智慧化建设，通过将入园企业的物联网、智能安防、智能结算、智慧空间管理、人工智能客服、大数据可视化、智能服务机器人等技术产品应用到园区的运营管理中，提升入园企业的用户体验。郎园Vintage为营造艺术文化氛围打造了兰境艺术中心、虞社演艺空间两个艺术空间，用于举办艺术酒会、艺术电影放映、读书会、郎园大师课、创业论坛、创意市集以及承办各种艺术、文化交流活动和发布会、科技展示等活动，形成了自己的品牌特色。

六、各个园区公共服务发展阶段不一致

目前，北京市各园区公共服务的发展并不同步，分别处于仅提供基础服务、已确立清晰战略定位、能够为入驻企业提供专业服务、能够提供深化服务、构建创新生态环境等不同阶段。由于不同园区建立时间、发展基础和开发模式不同，使得各个园区在面积、年产值、入驻企业数量、入驻企业的行业类型方面都会有很大区别，对园区战略定位会产生不同程度的制约，再加上政策支持力度不同和运营成本的限制，各园区公共服务人员数量和质量不同，发展程度存在一定的差距。

第六节　北京市文创园区公共服务存在的问题

总体而言，北京市文创园区公共服务仍处于发展的初级阶段，公共服务体系尚未完全成熟，在探索成长的过程中还会出现许多问题。

一、专业类公共服务体系薄弱

专业类公共服务既是文创园区公共服务的重要组成部分，又是园区高标准服务能力的体现。目前，北京市文创园区专业类公共服务的发展整体仍处于较低水平。除少部分规模较大、运营模式成熟的园区外，大部分园区能够提供的专业类公共服务比较基础，未能形成完整的专业类公共服务体系，高端专业型服务如人力资源、金融、资质认证、企业宣传、知识产权、创业孵化等的发展仍有许多不足。服务种类和专业化程度与企业需求不能很好地匹配，导致实际运营能力差，企业满意度与需求度较低，园区高端专业公共服务发展缓慢。从调研结果来看：一是产品及企业宣传、公共信息平台这两项服务相对较好，但也存在形式、渠道单一，宣传力度不足等问题。园区内大多数文化企业属于中小规模企业，产品和品牌知名度

不高，自身发展能力有限，希望能得到更多的行业动态信息和企业曝光度，因此企业对这两种公共服务的需求程度较高，园区还应对这两类服务做进一步的优化和完善。二是工商和财税服务提供情况一般，大部分园区仅能提供基础工商服务，在更专业的资产评估、股权变更和企业年报等方面的服务能力有待提高。三是在知识产权、金融、人才、技术推广、产学研合作、法律法规等领域的公共服务整体情况较差，三分之一以上的园区无法完整提供上述种类的公共服务，即使能够提供此类服务的园区，创新性和专业程度仍不足，导致园区内企业整体满意度较低。专业类公共服务既是园区内企业生存和发展的重要保障，又是园区公共服务创新生态系统中不可或缺的重要组成部分。目前，北京市文创园区的专业类公共服务能力仍有很大的提升空间，形成规模化、系统化的园区公共服务创新生态模式依然任重道远。

二、公共服务运营成本较高

通常情况下，文创园区公共服务不以获取利润为目的，主要是为了满足园区内企业发展的公共性需求。在园区建设和运营的过程中，随着入驻企业不断发展以及新进企业质量的提升，它们对园区公共服务的多样性和专业性会提出更高的要求。园区为了提高自身服务能力，会在基础公共设施、商业空间及休闲空间的建设和改造方面加大投入力度。此外，园区在运营过程中，需要引进更多的专业型人才和团队提供更高水平的服务，对公共设施、商业和休闲空间、网站平台等进行定期升级维护，组织、策划各项企业培训、沟通交流、品牌宣传等专业化活动，还需通过服务创新来保证专业公共服务类别的多样性，满足企业的不同需求。因此，园区提供公共服务所带来的资金、人员、时间等方面的成本支出远高于收益，短期内无法获得显著回报，这给园区日常运营带来了巨大的压力，降低了园区的经济效益和提供公共服务的积极性。

三、公共服务高端人才缺乏

人才和科技支撑是文创产业公共服务发展的基础和持久发展强有力的保证。目前，拥有国际视野、复合背景的现代服务业高层次人才的匮乏是阻碍文创园区公共服务发展的重要因素。一方面，园区缺少高素质的公共服务管理型人才，对于园区日常公共服务运营缺少管理经验，对公共服务的发展缺乏明确的目标和规划。多数人员并不完全具备公共服务运营中所需要的协调、控制、策划等方面的能力，且公共服务知识体系薄弱；另一方面，文创园区还缺少公共服务的专业型人才，急需引进和培养一批具有专业素养、服务能力和创新思维的高端人才，切实帮助企业解决经营发展中的问题和诉求。此外，北京市文创园区公共服务人才数量不足的问题也比较明显，导致人员间尚未形成高效、有序的分工协作机制，影响了园区公共服务的整体效果。

四、政策支持精准度不足

公共服务作为文化创意产业的重要组成部分，受到了国家和地方政府的政策支持，但目前促进文创园区公共服务发展的政策还未形成完善的体系，在引进重大项目的配套政策、财税优惠政策、法制政策、高端人才政策、科研技术创新的扶持等方面还存在诸多问题，影响了文创园区公共服务的发展。当前，北京市已经出台了许多针对文创产业和文创园区的保障政策，但大部分政策只重视资金支持、政策支持、产业集群发展、扶持重点文化产业发展项目，而没有强调转变和优化政府职能，比如完善行政审批项目、改善投资环境、加大打击盗版的支持力度、加强对知识产权保护的力度等。文化创意产业及公共服务政策制定过程中，文化创意领域内的企业和个人参与度较低，可能导致政策不符合实际发展的需要。另外，部分政策在具体执行过程中缺少实施细则，导致实施过程中出现无执行单位或涉及多个部门、多头管理的低效重复现象；部分政策出台后，与其他优惠政策重叠或出现兑现困难的问题；注重给企业"输血"，而忽视了企业自身"造血"功能，使得企业对资金扶持、补贴依赖程度高，但自身竞争力和发展能力不足。此外，财政扶持政策也更倾向于头部企业，大型企业利用自身资源优势能够获得更多的政策支持，而中小企业获得的扶持力度远远不够。

第六章　基于创新生态的北京文创园区发展建议

创新生态系统是从生态学的视角对企业、社区和国家创新氛围重新进行审视，该体系将互联、依赖、稳定、更新等生态学理念移植到人文社会的创新系统中（曾国屏等，2013）。相较于创新生态系统理论，创新生态圈理论更加注重创新活动中各主体与要素间的动态性弥合及能动性呈现，是创新生态系统理论发展到新阶段的产物。创新生态圈的智能发展依赖于模式的形成、意义的制定、对简单规则的定义、分块标记的平衡等各项措施，同时也是构建主体（创新生产者、创新消费者等）、构建要素（人力要素、技术要素、环境要素等）、构建机制（技术机制、利益机制等）和边界拓展（知识边界、组织边界、地理边界）四个维度下的动态的系统发展与演进。我国文化创意产业园区（以下简称文创园区）发展至今，已经从以简单出租为主的自发式发展阶段迭代为注重园区创新生态圈构建的生态式发展阶段，但具体的演化过程和机制不甚明晰，也鲜有研究从生态圈视角对这一过程进行阐释。因此，从创新生态圈的概念出发，研究文创园区创新生态圈的要素架构、生态特征、演化机制等具有一定的现实意义。

第一节　文创园区创新生态发展分析

■ 一、文创园区创新生态概念与模型

文化经济领域艺术创新的主要内容不是发明创造，而是原有基础上的再创造（曹如中等，2015），这不仅依赖于创新主体自身的努力和天赋，而且需要团队成员间的知识分工等方面的协作。可见，文创领域的艺术创新依托于人口、环境、资源和活动等圈层所构成的创新生态系统，是创新主体与创新环境的互动。因此，明晰文创园区创新生态的内涵，首先需要梳理多重视角下的创新生态系统理论。

（一）创新生态系统

朗德沃尔在 1985 年首次将创新视为一种系统性活动，这引发了学术界对创新系统的一系列研究。2004 年 12 月，美国竞争力委员会在《创新美国：在充满挑战和变革的世界中繁荣昌盛》研究报告中明确提出了"创新生态系统"（innovation ecosystem）的概念。2006 年，安德（Ander）开始对"创新生态系统"进行研究。由此，"创新生态系统"作为一个热点概念，得到了广泛的关注，众多学者将其与现代数字技术、网络、平台、价值共创等领域深度结合。目前，创新生态系统研究已逐步由创新管理的一个分支，演化为组织理论、创新管理、战略管理等交叉领域的重要议题，学术界关于其内涵的讨论也达成了共识，即创新生态系统是指具有互动需求的多边、异质参与者为实现共同的价值诉求，彼此之间所建立的联盟结构（alignment structure）（王伟楠等，2019）。其概念本质侧重于从互补性（complementary）和依赖性（interdependency）的角度解释企业的战略选择和创新活动，是借助生物学的概念来研究创新系统范式、创新环境和创新价值实现过程的一种新的研究方法和视角（曾国屏等，2013），其

核心在于研究群落、开发群落、应用群落三大群落与创新环境之间的物质循环、能量流动、信息传导等活动的动态平衡与持续演进（李万等，2014）。

互联网时代，异质性知识资源和能力构成企业的竞争优势，但智慧型组织具有的核心优势是生态优势，即在相互依赖和互惠的基础上能够在异质性创新主体间实现价值共生、互生和再生的循环系统。企业层面的创新生态理论认为，企业在创新生态系统中具有"态"和"势"的双重属性。"态"是企业既有的相关成果，体现了企业当前的创新能力和发展状态；"势"是企业借助内外部系统资源而产生的影响力，标志着企业未来的创新潜力（石博、田红娜，2018）。当前，市场环境多变、技术更迭迅速，这致使创新竞争更加激烈。企业依靠自身的内部学习和经验积累已无法适应现实发展的需要，必须借助其他主体的力量进行协同创新（周全，2019）。这就意味着企业要在"态"的基础上，充分利用生态位的"势"能，从而获得创新生态系统的整体优势。然而，由于创新要素和主体复杂多样，创新生态系统具有一系列特性，如动态性、生长性等，这些特性还与创新环境密切相关。良好的内外部环境有利于创新生态系统的更新和迭代。如同自然生态系统中物种对环境的适应和改变一样，创新生态系统中的各主体也要与内外部环境共同进化。

（二）创新生态圈

生态圈指在一定的时间和空间内，生物与其生存环境及生物与生物之间的相互作用，通过物质循环、能量流动和信息交换形成一个不可分割的自然群体（于超、朱瑾，2018）；圈内各主体是彼此依赖、互为前提的关系。这一概念一直用于自然学科生物学研究领域，直至1993年，穆尔（James Moore）在研究中发现某些社会组织的运转机制类似于自然生态系统。因此，他开始借助生态圈的概念研究技术创新领域的运作机制，并将创新生态圈定义为由一系列围绕共享的技术、知识、技能以及产品和服务的企业和其他实体组成的共同发展的松散耦合网络。

生态圈概念的引入打破了传统资源基础观视角下企业研究的局限，扩展了企业的价值链；生态圈内的主体是合作共生的关系，其相互间的合作可以实现价值共创（Li & Garnsey，2014）。随着研究的深入，越来越多的学者开始从生态圈或生态系统的角度来研究企业相关问题。1996年，莫尔（Moore，1996）又提出了"商业生态圈"的概念，并认为商业生态圈的本质是由一系列利益相关组织构成的经济社区，或是一种有机的商业体。也有学者基于具体的企业情境，将"商业生态圈"定义为由可能影响某个企业、该企业的客户以及供应商的组织、机构和个体所构成的共同体（Teece，2007）。根据研究内容的不同，商业生态圈又被进一步细化，如以技术创新为目的的创新生态圈和以商业模式创新为代表的创业生态圈（孙金云、李涛，2016）。虽然不同领域对生态圈的定义不尽相同，但强调主体及环境间的协同共生得到了学者们的普遍认同。

廖建文和崔之瑜（2015）在对比传统战略管理和生态圈战略的基础上，提出"生态优势"的概念。相比于传统的依赖于企业内部资源优化、知识积累的竞争优势，生态优势的获得依赖于对外部资源的有效利用和内部生态圈关系的优化。生态圈内的主体能够通过合作实现价值共创，而企业创新生态圈形成的基础正是各创新主体和环境聚合在一起产生的生态位势能（孙金云、李涛，2016）。与创新生态系统强调创新环境不同，创新生态圈更注重对创新要素和创新资源的集成利用（F Moore. Predators and Prey，1993），即发挥其协同作用。在创新生态圈的创新范式中，生产者独立创新转变为多元主体协同创新，创新主体间的关系从竞争转变为合作，创新目标从交易成本最小化转变为交易价值最大化（许晖、张海军，2014），这也是创新生态系统在构建主体、构建要素、构建机制和边界拓展四个维度下动态的系统发展与演进（吕一博等，2017）。

（三）文创园区创新生态圈的含义及要素架构

自然生态圈是自然界内物种与环境长期相互作用、共同进化的结果，任何因素的变化都会导致生态圈的进一步演进，因此，自然生态圈中各物种的地理依赖性、环境依赖性、动态持续性等特征明显。据此，创新生态圈的概念也应综合考虑自然生态圈特性和创新生态系统理论，从而构建动态多层次、有机开放的创新理论架构（赵放等，2014）。文创产业园区作为文化创意产业的聚集区，以创意生产为主要活动，主导产业明确、公共服务平台和设施完备、产业链相对完整、示范作用明显（张书，2011），其内部"物种"丰富、环境动态变化。从文创园区开始建设至今，文创园区的发展经历了从自由发展、引导发展、信息化发展到当前生态发展的阶段，其间政策引导、市场变化、技术革命等因素均加速了园区内"物种"间物质与能量的流动，这种动态的演进依赖于具有某一特定文化内涵的园区内部主体根据不同条件所形成的具有凝聚力和隐形边界的"群落"。这些群落既包括企业、园区运营方等生产者，政府、金融机构等分解者，又包括园区内外部的消费者。借助于园区内外部的创新环境，这些群落内的主体与环境相互进化，共同形成价值增值、信息传递、知识流动的抽象化环道（王千，2014）。创新生态圈与创新生态系统不同，文创园区创新生态圈更强调园区内企业自身的主观能动性及其与环境的融合式发展，而创新生态系统则更注重政府等分解者对创新环境的积极作用。参考徐君和任腾飞（2019）的研究，创新生态系统和创新生态圈的运行机制如图6－1所示。在此基础上，借鉴创新生态圈领域已有学者的研究，将文创园区创新生态圈定义为由文创园区内一系列以创新为目标，围绕共享的技术、知识、技能以及产品和服务的企业、园区运营方、其他实体、内外部环境组成的相互依赖共生共赢的有机共同体。

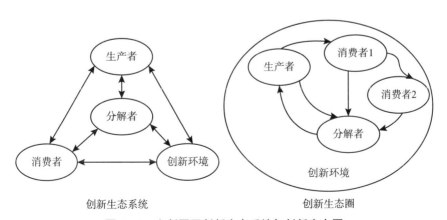

图6－1 文创园区创新生态系统与创新生态圈

　　文创园区创新生态圈的概念来源于自然生态圈，诸多要素与自然生态圈中一致，但具体主体和含义有所不同。如表6-1所示。

表6-1　　　　自然生态系统与文创园区创新生态圈要素及含义对比表

自然生态系统的角色	定义	文创园区创新生态圈的要素	内涵
生产者	连接无机环境和生物群落的桥梁	园区运营方、园区内企业、其他外部实体	文创园区创新生态圈核心主体，提供创新思维，产生创新成果，实现价值增值
消费者	生态圈中利用植物所制造的现成有机物而获取能量的生物	园区内的企业	创新成果最有力的检验者和创新生态圈最有效的反馈者
分解者	将生态圈中的各种有机物分解成可被生产者重新利用的物质的生物	园区运营方、金融机构、政府以及中介机构	为园区内文创企业提供资金、制定相关政策以及提供服务的主体
同化量	某一营养级的同化量是指上一营养级流入该营养级的所有能量	创新成果市场化价值量	创新主体的创新成果为自身、园区和社会带来的价值增加量
能量流动、物质循环	自然生态圈能量通过食物链逐级传递；能量、物质循环是其有序运作的前提	价值增值、信息传递、知识流动	文创园区创新生态圈中资金流动、价值增值、信息传递等活动
遗传、繁殖	是指亲子之间以及子代个体之间的性状具有相似性，繁殖生物产生新的个体的过程	集成创新、模仿创新	创新方式在文创园区创新生态圈内形成创新惯性，共享、选择、集成及优化创新要素和创新内容
物种变异、进化	亲子之间以及子代个体之间性状表现存在差异和遗传性状发生改变	技术变革、原始创新	主要是从文创园区创新生态圈主体内部发生的创新方式，提供原创性的知识或创新成果
无机环境	生物生存的基础环境，如光、气温、水、土壤等	创新环境	文化氛围、资源环境、技术环境、法律制度环境、市场环境、政策环境等
竞争或协同演进	生态圈中各物种存在既相互竞争又协同共进的关系	协同创新	各创新要素之间竞争、交流、共赢、共享的创新机制

对某一特定文创园区而言，其创新生态圈的构成要素包括各参与主体、知识、政策、制度、市场、文化等，各要素在创新环境中彼此作用并影响着创新生态圈的环境（江远涛，2016）。具体而言，创新生态圈内部构成主要包括以下四个方面。

1. 生产者

文创园区创新生态圈中的生产者主要包括园区内入驻企业以及与企业直接合作研发或创新的外部企业、机构。它们是文创园区创新发展的主力军，也是创意产生的源泉。传统观点认为，组织内的创新就是圈内主体间的活动，与外界联系很少。然而，知识经济时代，单个企业或组织很难拥有支撑创新的全部异质性知识，文创园区创新生态圈亦是如此，可见引入圈外可利用资源尤为重要。因此，文创园区创新生态圈内的生产者不仅包括圈内的创意主体，而且包括外界直接与圈内创新主体活动相关的其他主体；打破圈层的限制，则更有利于借助各方面的力量实现协同创新。

2. 消费者

文创园区创新生态圈中的消费者主要指生产者的创意及其直接或间接衍生品流向的对象，包括文化创意产品市场中的消费者以及文化创意的消费者。以铜牛电影产业园为例，在铜牛电影产业创新生态圈中，电影剧本的来源，即小说的作者是文化创意的生产者；小说流向的对象即编剧是这一创意的消费者；编剧将剧本制成电影，则观影者也是这一文化创意的消费者，以此类推。可见，消费者的消费行为为生产者的生产提供了动力，而生产者更好的创意也提升了消费者的消费质量，这种良性的互动是推动文创园区创新生态圈可持续创新的根本。

3. 分解者

无机环境中的分解者又称"还原者"，主要作用是把动、植物残体中复杂的大分子有机物糖、蛋白质、核酸等，分解成简单的无机物，返还到无机环境中，以供生产者和消费者生长。与之相似，文创园区创新生态圈的分解者是为园区内入驻企业提供资金、技术、制定相关政策以及提供服务的主体，主要包括园区运营方、政府、科研机构（含大学）、各类中介、金融机构等。与无机环境中的分解者不同，文创园区的分解者更强调生产者与消费者之间的协调和对接，园区运营方、政府、科研机构（含大学）、各类中介、金融机构等均是推动生态圈内生产者和消费者可持续创新的主体。

4. 组织生态环境

无机环境是生态圈不可或缺的因素，产业生态圈亦然。文创园区创新生态圈内外部环境直接影响生产者、消费者、分解者等主体的成长和知识、信息等的交互。文创园区的组织生态环境可从园区环境、市场环境、社会环境和制度环境进行分析。其中，园区环境是指文创园区赖以存在的实体环境，包含园区（目前，文创园区的建设来源类型主要包括四类：依托大学、改造旧厂房、开辟新区、依靠传统布局）及园区的软硬件设施（如地理空间、公共设施以及配套的服务等）。市场环境主要是指园区及其主导类型企业面临的产业市场的环境，包括行业的发展阶段、市场前景、市场需求、融资环境等。社会环境主要指社会的文化氛围和创新氛围。市场驱动机制下，文创园区的发展依赖于园区企业，而园区企业的发展依赖于社会的需求。因此，文创产业市场的发展与社会的文化和创新氛围密切相关。制度环境则主要指与文创产业和园区发展直接或间接相关的政策环境、法律环境等，如产业扶持、知识产权保护、公共服务供给等。从既有事实看，北京市政府在文创产业和园区的发展过程中起到了重要的推动作用。在产业培育、人才培养、技术创新、公共服务平台建立、园区建设、文化创意企业扶持等方面，均制定了一系列扶持政策。

二、文创园区创新生态圈的生态特征

文创园区在经济系统中所处的位置类似于生态系统中的生物群落。生物群落是指在一定空间、时间内，由各种生物种群按照一定的结构、种类和种间关系组成的集合体（白瑞亮，2018），从生物学视角出发的文创园区的构成亦与此类似。理想的文创园区基本以某类主导产业种群为主，竞争产业种群、公共服务种群及其他产业链种群连接而成，在种群内、种群间，以及种群与外部环境之间形成物质（产品和服务）、能量（知识、创意）、信息（业务需求和供给）的交换和动态演化。文创园区创新生态圈的生态特征可从宏观和微观两个层面予以分析。

（一）宏观层面生态特征

1. 开放式协同

一方面，文创园区创新生态圈的开放式协同意味着生态圈内要素与外界的联系是有效的（吕一博等，2015）。园区内创新主体可借助这些联系与外界进行物质交换、能量交换、价值增值等互动，如将优秀的园区外部异质性知识、技术实现内部化和生态化。另一方面，创新生态圈内部各圈层之间交叉渗透、相互联系；核心企业创新活动的外部性可以带动园区内部其余相关企业的发展，从而推动文创园区整个创新生态圈的可持续发展。此外，创新活动本身面临着高风险和不确定问题，最终的创新成果与前期的要素投入也并非简单的正向关系。创新生态圈的开放式协同特性能够将各创新要素进行规律性整合，使得"鸡蛋不放到同一个篮子里"，降低创新活动本身的结构性风险，提升文创园区创新生态圈内各创新主体的创新效率。

2. 动态自调节

达尔文的生物进化论指出，生物的进化遵循用进废退、优胜劣汰的准则。与此类似，文创园区创新生态圈与企业主体（园区内入驻企业）一样，都要经历初创期、成长期、成熟期和衰退期四个阶段的动态演变（曹如中等，2010），如图6-2所示。在此过程中，各入驻企业和园区面临的内外部环境也是动态变化的，因此，由各种企业生命体组成的产业群落自然地表现出动态的特征。与单一企业不同，文创园区内的企业由于行业属性相似，在园区运营方的引导下易形成"抱团取暖"的发展模式，故拥有很强的适应能力，这种能力确保园区内的某一企业能够与周围的环境进行物质交换和能量交换，利用生态圈的动态自动调节特性实现自身及整个园区的可持续发展。自动调节能力包括恢复能力和抵抗能力。生态系统具有的自动调节功能在文创园区创新生态圈依然适用，当创新生态系统受到外来干扰而使稳态发生改变时，创新生态圈可以依靠自身的机制使其在一定程度上返回稳定、协调的状态。抵抗能力是生态圈抵抗外部干扰并维持原有结构与功能的能力。文创园区创新生态圈的抵抗能力取决于园区的规模、结构、发展阶段等因素，通常情况下，其抵抗能力与规模、结构、产业成熟度正相关。

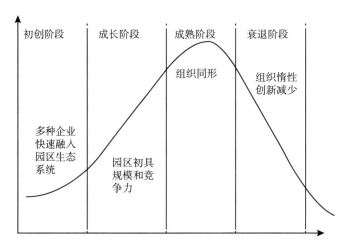

图 6 - 2　文创园区创新生态演进趋势图

3. 多样性共生

文创园区创新生态圈内的企业虽有较强的行业属性，但各企业业务范围仍有比较细致的区别。按照国家统计局公布的《文化及相关产业分类（2018）》的标准，文化及相关产业包括 9 大类行业：新闻信息服务、内容创作生产、创意设计服务、文化传播渠道、文化投资运营、文化娱乐休闲服务、文化辅助生产和中介服务、文化装备生产和文化消费终端生产，而文化创意产业本身的融合性意味着在此基础上又会衍生出众多细分领域。可见，文创园区创新生态圈是由多种创新主体、市场环境、制度环境等内外部因素组成的多维空间结构，且文创园区本身的动态性和开放性也使其复杂程度得到增强。

4. 自组织演化

生物圈中环境的作用极其重要，生物的进化始终与环境保持一致，否则就面临物种消失的威胁。此外，生物不仅对环境有适应性，而且能够在一定程度上改造环境。同理，文创园区的发展也强调与环境的"融合"，既依托环境而又能动地改造环境。具体而言，文创园区发展初期需要依赖外界环境以谋求发展，后期在主导产业的带动下，品牌效应一旦形成，便使得园区拥有一种无形资产，影响园区内整个行业链条上众多企业的发展，这种正外部性使企业韧性得以形成。从城市发展的角度看，以朝阳区为例，文创园区多由废旧厂房改建而成。原本被时代发展所遗弃的建筑和设施经过一番改造，为轻资产类的文化创意企业提供了质优价廉的创业基地。与此同时，富有艺术气息的园区也逐渐成为城市居民的"后花园"，丰富了周围居民的生活。可见，文创园区的自组织演化为城市更新提供了有利途径。

（二）微观层面生态特征

关于文化创意产业园区创新生态圈微观层面的生态特征，则可从空间迭代、产业生态和发展模式三个方面予以分析。

1. 空间迭代方面

北京作为全国的文化中心，其文化创意产业的发展体系相比于国内其他城市较为完善。从城市更新引起的大量工厂退出城市开始，北京市文创园区的发展经历了基地—楼宇—园区—功能区—试验区 5 次迭代，现已进入 5.0 时代。从早期将废旧厂房改造，为轻资产文创企业提供办工场所，到旧工业遗址转化为文化创意类创业者的集聚地，再到逐步发展成为文创园区，产业集聚和带动功能日益显现。随着之后得到政府一系列产业政策的扶持，以及被划定为国家文化产业创新示范区，文创园区空间上的演化和迭代充分体现了生态系统的自组织演化、动态自调节的特征，这也体现出产业的发展始终与外部环境同步演进。

2. 产业生态方面

从文创园区产业生态发展情况看，北京市文化创意园区的产业发展经历了 4 个阶段。从最初以出租场地为主的简单发展模式，到开始注重更多的经济效益，探索新的管理模式，从而形成主题园区，聚焦于相似行业的集聚，再到基于产业链的生态园区的建设，最后实现文创园区的连锁运营，这一系列的转变不仅受利益的驱动，而且是行业与外部政治、经济、文化、社会等环境相互适应的过程。依托于城市及其市民，文化创意产业园区的发展要与城市空间规划、发展定位以及市民需求相一致。北京市的文创园区从单纯的"收瓦片"到以拓展城市空间、为城市居民提供休闲娱乐的"后花园"的生态发展模式的转变，正是个体与环境协调发展的体现。

3. 园区发展模式方面

早期文创园区的发展模式主要以提供场地为主，对于园区内企业的干预和服务比较简单，即为一种自发式发展的模式。后期，基于工业遗址的文创园区为城市解决旧工业厂房及所在地的分配和盈利模式提供了借鉴。结合工业遗址集体资产的特性和北京市向文化产业转型发展的背景，政府开始引导园区向更加符合城市和产业定位的方向发展，并制定了一系列扶持政策。引导式发展为园区的规范管理和运营提供了保障，但园区直接服务对象是入驻企业，因此，如何为众多入驻企业提供更好的服务则成为园区发展面临的新问题。这一阶段，众多园区借助互联网技术的发展，开始向信息化园区方向发展，建立公共服务平台，将园区内企业的信息和需求集中到平台上，以便运营方更好、更快地作出反应。目前，各园区公共服务平台已经充分发挥了信息发布、沟通协调、管理监督等功能，但同时也存在一定的局限性。虽然园区内部的信息沟通渠道已经打通，但这种"封闭的信息岛"获取外界信息的功能仍较为羸弱。因此，基于连接众多文创园区、外部环境、各利益相关者的"神经网络"式服务平台的园区发展模式才能更为有效地推动园区实现可持续发展。

三、文创园区创新生态圈协同演化机制

文创园区创新生态圈强调各类产业之间的相互支撑、合作和分工关系。园区与内部入驻企业及其他利益相关者的动态适应、调整过程推动了各主体的生态式发展，形成一个有生命力的生态体系。这一体系鼓励园区各企业发

展壮大，促进新的创新要素在园区创新生态圈中产生并实现产业化。这一过程依赖于文创园区创新生态圈的协同演化机制；而这种协同演化机制则具体包括复制机制、变异机制、市场驱动机制、协同共生机制几个方面。

（一）复制机制

文创园区创新生态圈复制机制的核心在于正向知识溢出。生态圈中的优势种群（企业）通过知识共享、知识协同等活动，将其优良的特征、性状不断地传递给系统的新进入者，这一过程不只是简单的传递，还可能伴随着知识扩散和强化效应的溢出。随着文创园区创新生态系统的不断进化，上述特征同步演化，表现出优先性、隐蔽性和关键性，最终实现整个生态系统竞争优势和竞争实力的优化与提高。同时，复制机制使得种群的规模不断壮大，优良的性状得以保留和进一步优化，这些均是生态系统存在和发展的基本条件。对园区而言，由于文创园区内企业的行业属性比较统一，因此，一些优质企业可通过创新生态圈向新进入或处于初级阶段的企业提供发展指导。此外，处于价值链不同位置的企业间也可在园区创新生态圈中实现知识、业务等方面的交流和合作，这种合作不仅发生在园区内部，而且发生在园区之间。这种正向的知识溢出推动了文创园区创新生态圈的发展。

（二）变异机制

文创园区创新生态圈的变异机制缘于生态环境（园区内外部环境）的变化。宏观层面文创产业相关政策措施的出台，中观层面市场环境的变化，微观层面产业园区的定位、园区结构的调整，以及企业自身成本、技术、市场等因素的变动都有可能成为推动生态圈物种变异的原因。其内部的机制在于生态圈内外部环境或圈内物种（企业）自身条件的变化能够在短时间内改变创新生态系统内部种群的基本环境和交换作用机制，使得种群要么改变自身以适应环境，要么被环境改变，退出生态系统。换言之，在文创园区创新生态圈的演化过程中，生态圈自身及其内部企业面临的环境并非一成不变。从生态圈整体而言，这种变化有利有弊，它可能使某个企业诞生或消亡，也可能催生一种新的商业模式。北京市文创园区的发展历程证明了变异机制的存在。在其发展初期，众多园区的发展模式均比较单一，"吃瓦片"现象屡见不鲜。但随着市场竞争加剧，园区及内部企业面临的市场环境和消费者需求均发生了变化，部分园区单靠"吃瓦片"已不能满足其发展的需要，由此，引发了新一轮的园区结构变革。在政府政策措施的推动下，文创园区向主题园区、创新生态园区的方向逐步迈进。

（三）市场驱动机制

良性的产业生态圈必然需要健康的运作机制。从长远看，淘汰一部分不适应发展需要或者效率相对低下的产业，实现产业生态圈的自我更新和发展是创新生态圈必然面临的问题。而如何淘汰不符合园区发展或定位的企业呢？对此，创新生态圈的市场驱动机制便起到主要作用。文创园区虽然与其他产业集群不同，但其营利性的本质不变，且园区内入驻企业也受利益驱动。因此，基于特定园区的定位，依靠市场机制及时剥离与定位不符的企业，引入新鲜的"血液"是建立文创园区创新生态圈的重点。其次，生态圈内的市场驱动机制还体现在圈内外企业间相互合作和竞争中。文创园区一般具有特定的文化导向，即满足某一特点的文创企业才能集聚在某一文创园区，但这种特定行业属性并不意味着园区内企业间是单纯的竞争或合作关系。相反，借助于园区的公共服务平台，园区内企业间根据市场驱动机制，既可能是合作关系，也可能是竞争关系，但无论是合作还是竞争，这种动态协调机制都推动了企业和园区的可持续发展。

（四）协同共生机制

生态圈是指在一定时间和空间内，圈内物种之间，以及物种与环境之间，通过物质循环、能量流动和信息交换等互动行为形成的一个不可分割的自然群体。这一概念从本质上强调了文创园区创新生态圈各主体之间、主体与环境之间唇齿相依、互相依赖的良性竞合关系。生态系统是生命系统及其生态环境系统在特定时空的结合，这种结合可以表述为群落系统＝生物群落＋生态环境。在文创园区的创新生态系统中，各个物种或群落的进化均与环境保持同步，而其间并非只是简单的竞争、合作或单个组织的进化，即生物圈中企业的发展不仅依赖于自身异质性的知识、资源、能力等因素，还与圈内（园区内）其他企业息息相关。此外，依托于文创园区公共服务平台，园区内企业间的异质性知识、服务及其他业务能够及时地交互，这不仅有利于帮助园区企业解决问题，还有利于推动园区创新生态圈的可持续发展，以实现 1 + 1 > 2 的协同效应。

■ 四、文化创意产业园区产业生态链整合

由上文分析可知，文创园区创新生态圈是以生产者、消费者、分解者为创新主体，在园区环境、市场环境、社会环境、制度环境的交互中，在复制机制、变异机制、市场驱动机制及协同共生机制的约束下，通过技术资本、知识资本、社会资本和金融资本的流动进行技术创新、知识创新、制度创新和服务创新的有机共同体，其运行机制如图 6 – 3 所示。

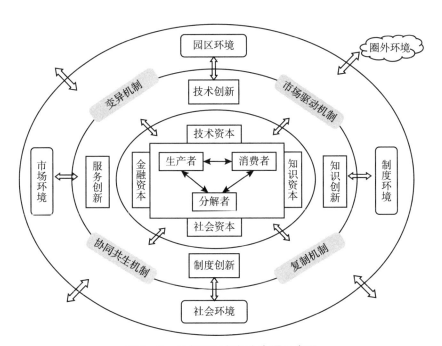

图 6 – 3 文创园区创新生态圈示意图

进而，从生态位的"结构—功能"角度看，创新生态圈层系统可分为以下三个子系统。①由文创园区生产者、消费者、分解者以及技术资本、知识资本、社会资本和金融资本构成的创新生态核心圈，它具有创新的功能。②在复制机制、变异机制、市场驱动机制及协同共生机制的作用约束下，创新生态圈在核心圈的基础上实现技术创新、知识创新、制度创新和服务创新等创新活动。③园区环境、市场环境、社会环境、制度环境所提供的创新大环境，为整个创新生态圈提供了支持和帮助，同时，其与外界的信息交换也保证了文创园区创新生态圈始终有新鲜血液注入。在此结构中，三个子圈层之间在利益上共生共荣、功能上密切互补。为最大化生态圈整体的创新优势，围绕核心圈的创新活动，辅助圈、支持圈在生态位上与核心圈不断接近和凝聚，由此形成长期信任关系和共同的行为模式，继而形成基于三圈互联互通的生态圈整体创新网络效应。如此，居于核心圈层主体的创新能力不断加强，创新生态位"态势"日益优化，文创园区创新生态圈也就越能形成稳定的系统结构。

五、文创园区创新生态圈与城市更新

城市更新是随着城市化的升级，针对不同历史时期的城市问题，制定相应的城市政策，并加以系统地实施和管理的过程（俞剑光，2013）。罗伯特（P Robert S）认为城市再生的本质在于解决城市发展前面临的一系列问题，旨在推动某一地区的经济、物质、社会和环境条件的持续改善。我国大规模的城市更新开始于新中国成立以后，并以局部危房改造、基础设施建设为目标和主要内容；20世纪90年代以后，其逐渐趋向于空间功能结构调整、人文环境优化等社会、经济、文化的诸多方面。

当今时代的城市更新则更加注重城市内元素与城市定位、环保、市民居住环境等层面的要求相符。以朝阳区为例，20世纪末，众多企业因不符合北京城市发展定位或由于市场变化而撤离或倒闭，留下的老旧厂房一度成为脏乱差、无人问津的地方。这些城市空间在城市更新的过程中该何去何从？实践证明，改造废旧工厂、发展轻资产性质的文化创意产业是其成功转型的有效途径。这不仅为众多文创产业创业者在城市中提供了廉价的办公用地，而且园区所提供的公共服务也为创业企业的发展提供了巨大帮助。可见，文化创意产业园区是当代城市再生的新模式，是融合了城市发展和文化创新的"新经济空间"，代表着城市未来发展的主要方向（王伟年、张平宇，2006）。

综上所述，将创新生态系统理论应用于文创园区建设，对文创园区的发展具有十分重要的意义。因此，基于创新生态系统和创新生态圈基本概念，充分分析文创园区创新生态圈的含义、要素架构、生态特征、演化机制，构建文创园区产业生态链整合模型，并结合文创园区创新生态圈与城市更新的协同关系，从创新生态角度思考文创园区的发展趋势和相关对策建议十分必要。

第二节　北京文创园区创新生态发展对策建议

一个完善的文创园区创新生态系统，需要政府部门、园区运营机构、园内入驻企业、金融支持机构等多重组织协调运作、互促发展。在创新生态系统多部门互促式发展中，充分发挥知识溢出效应、环境协同效应，可以使消费者福利得到显著提升、生产者利益得到充分维护。在对北京市文化创意产业发展现状、创新生态圈发展特征等进行深入分析的基础上，根据文创园区及园区内企业的具体诉求，以及系统内部各部分主体相互合作竞争、互利共生关系，针对北京文创园区尚存的不足之处，将文创园区视为行业生态系统的一部分，从园区内部企业协同发展、园区助力企业发展和不同文化创意园区之间协同发展三个维度提出相关建议，旨在建立以创意生产为主要活动，产业明确、公共服务平台和设施完备、产业链完整、示范作用明显，具有开放式协同、动态自调节、多样性共生和自组织演化特征的创新型生态型文创园区。

一、园区内部企业协同发展

文创园区以文创企业为主体，并含金融、商务服务等多重部门，其内部企业组成复杂，环境动态变化迅速。园区内部企业若要实现协同发展，需要从利用生态复制机制、促进企业动态性弥合，强化人才知识溢出，形成产权保护合力以及构建协同共生机制五个方面着力，以进一步促进文创园区整体效能，实现园区生态链各组成要素的融合发展。

（一）充分利用文创园区生态复制机制

第一，发挥创新生态圈开放协同作用。一方面，发挥园区内部主导企业创新优势，将优势企业的发展经验和特点传递给新进入者，为其他企业以及新进入企业健康发展发挥导向作用；另一方面，积极引进园区外部企业的先进技术、管理经验、销售策略等，并与园区现有管理模式相互融合，实现其内部化。

第二，提升文化创意产品附加价值。加强科技创新引领，强化软件和信息技术服务企业的带动效应，推动文化园区实现科技融合；积极发展数字创意，充分利用信息技术、"互联网＋"、大数据、云计算、物联网、人工智能等现代数字技术，推动"文化创意＋"模式创新。[①]

第三，实现文创企业价值共创。利用新兴技术搭建园区内部企业交流平台、信息共享平台和技能学习平台，形成园区内部各个企业主体协调互助的网状交流系统，促进文创企业共创共享。鼓励园区内部创新主体与社会文创企业合作，打破圈层限制，积极引入园区外部可利用资源。加强文创企业与民营企业的交流合作，促进信息共享、资源共享、人才共享，激发文创企业创造活力，实现文创企业与社会其他企业协同创新。

第四，促进文创企业多样化发展。坚持以国有文化企业为主导，支持和引导非公有制和中小文化企业发展，鼓励其拓展海外业务，推动影视制

---

① 《北京文化创意产业发展白皮书（2017）》。

作、动漫游戏、网络互娱等新兴业态发展，有效提升文创园区辐射范围和生态系统稳定性。[1]

（二）促进企业动态性弥合

第一，充分利用企业之间的功能互补和依附关系。鼓励企业相互合作，共建配套设施和共享资源要素，产生规模效益；增加对园区内部竞争企业的指引，鼓励其发挥各自优势，自发创新经营模式，实现资源多样化和差异化，提高园区内部公共资源的公开性和便利性，助力企业由互相竞争转为共生依存；共同考核园区内部企业的重大经营举措，评估其效益收入和社会影响，促进信息透明公开，防止对园区生态系统中其他企业发生具有高度破坏性的行为，推动企业合理参与竞争。

第二，形成稳定生态结构。明确各个企业主体在文创园区创新生态圈中的地位。位于核心圈层的企业负责价值创新，位于辅助圈和支持圈的企业为核心企业创新活动提供帮助。处于不同圈层、价值链不同位置的企业广泛开展知识信息共享、资源互补和业务交流合作，形成稳定的系统结构，共同应对多变的市场环境。

第三，积极共建园区文化。以创新为目标，以园区内部文创企业、园区运营方、公共服务平台和其他实体的知识共享和价值共创为途径，积极共建园区文化，加强园区物质文化、制度文化和核心文化建设，增强各个企业主体的凝聚力和归属感。

（三）强化人才知识溢出

第一，加强海内外人才交流。吸引海外文化创意企业入驻北京文化创意产业园区，通过沙龙研讨、项目共研等形式，加强园内企业的交流互鉴，提高企业员工流动性，强化知识溢出效应。

第二，加大人才引进力度。园区内企业共同研讨制定公开透明、标准严格的外籍人才引进制度，实施更加开放有效的外籍人才引进策略；共建

---

[1]　《北京文化创意产业发展白皮书（2017）》。

海外人才公共服务平台，为其办理相关出入境手续及申请在华永居许可提供优质服务；合力投资开设国际学校，或为其子女入学提供配套支持服务；为外籍人才办理医疗保险等，提供便捷统一的社会保障服务。

第三，提升外籍人才跨文化适应性。为外籍人才提供学习资源，对其宣扬中华传统文化和北京历史文化，形成外籍人才智力与北京需求契合的合力效应，保障创意输出来源充足。

第四，加快本土高层次人才孵化。采用"产学研"相结合的人才培养模式，通过互补资源优势，合力将文创园区建设为大学生实训基地，为高校优秀人才提供留京落户便利。以创新发展为导向，将高校、科研院所的文化创意类科技创新项目研究成果注入文创园区，使其合理高效地转为企业现实产出；打通区内企业上下游链条，提高项目转化效率。

（四）形成产权保护合力

第一，加强知识产权保护交流互鉴。园区内企业共同开展知识产权基础性法律知识普及活动，共同强化知识产权保护意识，尤其注重加强对专利法、商标法、著作权法的学习交流。在企业间形成知识产权保护监督机制，定期开展知识产权保护交叉调研。园区内企业加大知识产权保护的要素投入力度，企业间充分发挥产业集聚效应，降低知识产权保护成本。

第二，构建文化创意产品知识产权保护专家指导机制。以园区主办、园内企业共同承办为主要形式，开展文化创意产业维权意识宣讲活动，邀请文创领域及知识产权保护领域专家对专利申请及商标注册等问题进行重点指导，引导企业将品牌优势拓展至其衍生品及其所处生态链的相关领域中。

第三，形成知识产权保护风险预警与争端解决机制。一方面，园区内企业间通过交流分享知识产权保护的经验案例，强化意识、规避风险，合力共同营造规则性强的知识产权保护发展格局；另一方面强化制度约束和惩罚措施，建立"黑名单"制度，对违法侵权企业终身抵制，严格打击侵权行为。

（五）构建协同共生机制

第一，打造协同发展理念。积极宣传协同发展理念，鼓励不同企业对异质性知识、服务以及其他业务及时进行交流互鉴，促进园区内企业与发展要素之间的深度融合，构建协调发展机制。

第二，建立企业价值循环系统。明确各个企业在园区内部所处的生态地位，加强各类企业互助合作。鼓励高营利性部门对低营利性部门增强资金支持力度，助推低营利性部门提高公益文化创意产品展示频率、强化展示方式创新，提高园区创意产品输出效率，促进企业空间共享、资源共享和人才共享，强化集聚效应和规模效应。

二、园区助力企业发展

文创园区具有整体性、复杂性和多变性特征。文创园区创新生态圈变异机制既为园区及园内企业带来诸多发展机会，又使其面临各种挑战。园区内部众多企业的协调共生，可以有效提升园区整体效益；与此同时，园区亦可从整体层面，通过增强双向开放力度、提升公共服务水平，促进产业链式延伸、园区结构变革和转型升级以及园区与环境动态融合来提升园区内部信息交流、沟通协调和管理监督水平，有效助力内部企业协同发展，进而形成协同创新的生态系统。

（一）增强双向开放力度

第一，扩大对内对外投资。借助海外企业资金和资源支持，强化其成熟经营模式、优秀企业文化的溢出效应，通过企业竞争，促使园区内资企业提高国际化水平。设立境外投资综合服务部门，加强产业指引和国别指引。一方面，为企业提供北京市境外投资政策和信息咨询服务；另一方面，公布境外投资项目情况和相关数据信息，为园区内企业迈向海外市场创立有效的外部环境。

第二，提高外资监管效率。在外资企业进行相关项目申报的过程中，加强对其材料真实性、合法性的鉴定。加强体制机制创新，优化营商环境，保障企业合法权益。倡导海外投资主体创新投资方式，与本国企业互帮互助，互利共生，避开同质化竞争。①

（二）提升公共服务水平

第一，完善基础类公共服务体系。整合资源共建文化产业数据支撑平台，实现行业各类信息数据的及时更新与反馈，优化园区内部网站平台，保证企业和园区双向信息反馈，提升企业共性需求的服务质量。建立园区主导、企业共享的园区公共服务平台，促进公共服务机会均等化，保障园区内部企业和个人享受同等公共服务。②

第二，建设专业类公共服务体系。采用多样化公共服务方式，满足基础服务之外的个性化、专业化服务需求，提升公共服务的创新性和差异化水平，体现园区自身特色，重点加强金融、法律、社保、资质认证等专业性人才培养，提升综合服务供给水平。

第三，建立健全公共服务制度。将法律服务纳入公共服务范围，设立法律援助承办机构，建立承办机构评定制度，为园区内企业和个人提供相关法律援助服务。③ 积极推进文创园区企业信用体系建设，搭建信用信息共享平台，实行"守信激励、失信惩戒"的信用管理制度，对信用等级较高的文创企业给予更多优惠支持，对失信企业加大惩处力度，营造文创园区内部良好信用氛围。完善资质办理辅助系统，为园区企业提供专业化信息服务平台和资质办理渠道，提前对企业的人员、资产、业绩等进行审核，提高资质办理通过率。

第四，促进公共服务企业相互联合。鼓励公共服务企业互助融合、资源共享，拓宽服务项目广度、提升服务供给质量。加深公共服务平台与其

---

① 北京市发展和改革委员会《企业境外投资管理办法》。
② 国务院关于印发"十三五"推进基本公共服务均等化规划 ［EB/OL］. http://www.gov.cn/zhengce/content/2017 – 03/01/content_5172013. htm, 2017 – 03 – 01/2020 – 02 – 04.
③ 司法部政府网.《全国民事行政法律援助服务规范》 ［EB/OL］. http://www.moj.gov.cn/, 2019 – 11 – 27/2020 – 02 – 04.

他企业交流合作，深入市场调查，获取用户反馈，提高公共服务市场效用。建立园区公共服务平台统一管理机制，制定严格规范的业绩考核、奖惩制度以及公共服务企业互评制度。

第五，降低公共服务运营成本。充分利用北京市科技创新优势、政府政策支持，以及信息、资金、技术支持，提高园区技术研发平台科技化水平，推进园区公共服务平台建设。借鉴并汲取社会其他公共服务平台经验，提高公共服务经济效益，不断释放创新活力，降低公共服务运营成本。

第六，培育专业化公共服务高端人才。建立健全社会保障体系和增值服务系统，确保员工社会保障水平不低于最低社会保障标准。通过人力资源再利用，挖掘、储备并培育人力资源，构建公共服务高端人才资源库，保证公共服务人员数量、质量与园区需求平衡。

（三）促进产业链式延伸

第一，推动园区内部企业集群化、规模化发展。依据园区定位及优势特征，围绕主导产业形成完整产业链。对园区内部文创企业进行分类、筛选，建立以文化创意企业为核心，以设备供应、后期制作和信息咨询企业为依托，以专业市场调查机构和策划公司为保障的文化创意核心产业链条。充分发挥各企业优势，打通上下游产业融通链条。在园区门户网站开设 24 小时虚拟展览区，实现线上虚拟园区与线下实体园区协同互促、资源共享。

第二，延续北京"高精尖"文化创意产业体系建设方向。以文化创意内容生产、文化创意传播渠道、文化创意生产服务为三大核心环节，重点发展文化科技融合发展类业态，创意密集的高端服务类业态，以及满足人民群众精神文化需求的公共文化类业态，引导北京文化创意产业科学健康发展。①

---

① 北京市市场监督管理局.《北京市文化创意产业发展指导目录（2016 年版）》［EB/OL］. http：//scjgj. beijing. gov. cn/bsfw/bmfw/djzc/tsdj/201808/t20180813_109670. html，2016 - 07 - 27/ 2020 - 02 - 04.

北京文化产业发展报告（2020）

第三，形成"以文创促旅游，以旅游带文创"的产业生态发展格局。利用北京雄厚历史文化底蕴形成"文创＋旅游"的产业融合生态发展格局。构建智慧旅游服务体系，开发具有本土特色的文化创意产品和服务，整合文化旅游资源，发展全域旅游。

（四）注重园区结构变革和转型升级

第一，优化园区产业结构。根据园区发展定位提高园区入驻企业标准，一方面，加强园区内文创企业集聚效应，提高专业化程度；另一方面，丰富园区内部中介机构、金融机构等配套服务部门，增强园区功能多样性和结构复杂性，提高园区自调节恢复能力和风险防范能力。

第二，强化园区与企业动态自调节功能。注重与外界环境信息交流，形成连接众多文创园区、外部环境、各利益相关者的文创园区创新生态圈，针对市场环境和消费者需求特点，及时调整园区结构，依靠市场机制及时剥离与园区定位不符的企业，引入适应文创园区创新生态圈发展的新企业。

第三，加速园区创新升级。依据政府政策指引方向，加强园区结构调整与创新，积极适应外部环境，引导主导产业和相关上下游产业形成产业集聚。加强园区整体的信息化、智能化、服务化水平，加速园内企业实现价值链升级，进而推动北京市文创园区整体延伸至更高的生态型主题园区层级。

（五）园区与环境动态融合

第一，提高园区对外界环境的适应能力。在园区发展初期，充分运用北京市丰厚的历史文化底蕴、完善的公共服务体系、完备的产业扶持政策等社会资源，对现有建筑设施进行改造升级，依托环境优势降低成本。在园区发展中后期，积极投入主导产业建设，形成品牌效应，同时加大园区开放力度，增强园区外部性和社会影响范围，构建协同统一、动态发展的生态型文创园区。

第二，增强园区内部创新能力。定期优化园区内部租售比例、参观引导路线、空间产业业态分布和公共空间设计，使园区整体设计因地制宜，保证园区既体现时代特点，蕴含创新元素，又保留其本身的文化特色，兼容并蓄。

■ 三、文创园区协调发展

文创园区是文化创意产业的重要组成成分，是文创园区创新生态圈的主体。文创园区间的协同发展，对于文化创意产业整体实现创新具有举足轻重的意义。在政府扶持和社会组织的支持下，北京文创园区可借鉴国外先进园区发展经验，与国内其他园区开展深度合作，通过技术、知识、社会以及金融资本渠道，加强文创园区产业生态链整合，继而形成稳定的文创园区创新生态系统。

（一）依托政府相关政策扶持

第一，政府协调与园区自主发展同步。政府引导文创园区放宽经营自主权，消除不合理制约，强化企业竞争，激发市场活力和社会创造力。搭建由政府金融管理机构和社会金融机构共同合作、共担风险的多方合作平台，完善园区的资金补偿机制和风险分担机制。消除对文创企业组织运行的直接干预，完善中介服务体系，加强行业标准制定。支持文化艺术领域专家提供第三方评估意见并开设专门机构负责文化经费的具体划拨，同时配合行业委员会和相关法律部门进行监管。

第二，重视生产要素的支撑作用。以激发企业主体活力为目标，充分利用北京市丰厚的文化资源优势及创新科技资源优势，不断培育文创产业发展新动能。围绕老旧厂房改造、产业园区升级、金融资本积聚、人才队伍建设、文化消费扩张、文化贸易开展等方面推进政策优化，促进北京市文化创意产业持续稳定发展。

第三，形成跨地区文创园区交流平台。政府主办文化创意跨地区项目推介会，以园区推介交流为手段，谋求建立跨地区文创园区协同发展机制。各地政府联合搭建跨地区文创园区协同发展交流平台，推动重点园区之间的项目对接合作。整合不同区位优势，形成跨地区的文化创意投融资和民间投融资合作交流机制，为园区重点项目提供融资便利，助力投资机构发掘优秀项目。开展国内重点文创园区间对接服务，在内容资源、技术开发、人才培养等方面加深多元化合作，加速推进跨地区园区协同发展。

第四，完善配套基础设施。增加政企交流便利性、公共资源可获得性以及政府项目公开性，降低园区内部企业运营成本。

（二）加强文化领域国际交流与贸易往来

第一，加大文化领域国际合作交流。扩大文化创意园区目标市场，面向全球受众，广泛开展国际合作，尤其与欧美发达国家及"一带一路"沿线国家和地区进行深度合作；鼓励园区内部员工访问国外园区，进行学习、交流，并向园区员工分享其经验；聘请国外优秀文化创意人才开展讲座，拓展人才创意思维。

第二，借鉴国外优秀文化创意。引入国外优秀文创作品在园区内展示，强化知识溢出效应，汲取国外优秀作品的文化创意。引导园区内人才学习国外艺术产品和先进设计理念，在园区内部开展业内国际交流学术会议，激发园区创造力，提高中华文化软实力，助力中国传统文化"走出去"。

第三，鼓励开展文化服务贸易。在外商电视剧制作、电子出版物制作及进口、数字文献出版物进口等方面逐步放宽市场准入，引导优秀文化创意产品"走出去"，支持其开展跨境电子商务。推动文化服务出口，加强体制机制改革与创新，实行与普通货物通关所不同的展览品定制化监管模式，打通艺术品进出口物流通道，进一步提高文化贸易便利化水平。

（三）开展国内园区深度合作

第一，打造园区互助协同发展平台。实现北京各文创园区相互联合，打通举办规模化文化创意产品展销活动渠道，推动园区间交流互鉴，增强北京文化创意产业的凝聚力、辐射力和影响力；同时，加强京津冀地区文化资源协同开发、管理及利用，推进区域文化产业融合和文化创意资源共享，切实推动三地文化创意产业协同发展，充分促进跨地区资源共享，加强京津冀互补性对接。

第二，实现北京市各区文创产业功能互助。一方面，加大对朝阳、大兴、海淀等文创园区产业成熟区的科技投入和人才引入，推动其向高质量、国际化方向发展。另一方面，加强对门头沟、密云和怀柔等城市边缘区的产业政策扶持和引导，促进基础设施建设，将中心城区优秀文创园区的管理经验和模式向外转移，实现北京市各区文创产业功能互补、协同互促。鼓励处于价值链不同位置的园区开展互助合作；小型文创园区为核心文创园区提供基础服务，核心文创园区集中优势资源开展创意开发及产品销售，充分提高资源利用率和生态链整合效率。

第三，园区充分利用文化产业的知识渗透作用。扩大文创园区与社会其他企业的交流合作，促进文化创意产业对各产业的渗透、融合和优化。在技术研发、产品创新和市场开拓的同时，拉动关联产业快速发展。发挥北京市尤其朝阳区先进文创园区的带动效应，加强与国内文创产业相对薄弱、发展相对落后园区的交流互动，主动开展宣传活动带动增长缓慢型园区发展，通过赞助娱乐节目和影视剧作品，推广园区内文化创意新品，提高产品知名度。

第四，多样化园区合作形式。加强文创园区与北京其他创意中心的合作，着力打造文艺活动、文创产品、设计展览相结合的综合型文创园区。加强文创园区与首都图书馆、国家图书馆等公共图书馆的合作交流，在图书馆内部展览园区书法、绘画、手工作品等文艺创作产品，鼓励文创产品开发、生产等环节采取外包模式，提高产品质量和附加效能。推动产业型创意园区、混合型创意园区、艺术型创意园区、休闲娱乐型创意园区以及地方特色创意产业园区均衡发展，融入地方特色文化精髓，弘扬北京传统文化。

（四）维护文创园区创新生态圈稳定

第一，建设公共平台网络。园区共建互联互通、连接外部环境和各个主体的公共平台网络，鼓励不同规模园区开展互助合作与资源共享。大规模园区加强开放力度，吸引不同类型企业入驻园区，增强园区内部结构复杂性，促进产业成熟；中小规模园区，加强与外界环境的融合互动，强化自身定位，形成品牌效应，充分整合各园区资源、信息、资金、人才等优势，保障文创园区创新生态圈稳定发展。

第二，完善生态循环体系。协调各园区生态位重合与分离关系，中心城区的园区以科技和文化融合为发展方向，充分利用北京科技创新中心优势地位，积极促进软件、网络及计算机服务业与文化创意产业相结合，打造北京文化品牌；边缘城区和发展新区的园区主导创新和生产环节，着力发展信息、金融服务和娱乐休闲业。

第三，增强园区社会影响力。加大对公益文化教育和文化惠民项目的资金投入，强化园区正外部性，提升北京市居民的文化素养和区域文化氛围。加强文创园区与社区融合，增强文化产品的辐射力和影响力，建设北京地区文化生态传承体系，形成一个文创企业引领、公共服务企业与其他竞合企业相互连接，园内企业与外部企业、园区与园区动态互助，各种资源和信息要素高效流通的文创园区创新生态圈。

第七章　后疫情时代北京市文化产业发展之路

2020 年的春节，新冠疫情突袭中华大地，打乱了人们的生活节奏，阻挡了企业人员返工的道路，电影院、文化馆以及各种文化娱乐活动纷纷取消，市场迅速进入冰封状态。此次疫情成为新中国成立以来防控难度最大的重大突发公共卫生事件，对我国各行各业产生了极大影响。受疫情影响，2020 年第一季度中国经济首次出现负增长，而电影业、会展业以及文化旅游业等文化产业所受影响尤为严重。据初步估计，新冠疫情对 2020 年全年文化产业造成的直接损失大约是 8 959 亿元，潜在损失约 2 890 亿元。在此背景下，如何实现突破发展成为摆在诸多企业面前的难题。

为助推文化企业快速恢复发展，北京市迅速应对，先后出台《关于应对新冠肺炎疫情影响促进文化企业健康发展的若干措施》《关于加强金融支持文化产业健康发展的若干措施》《关于电影等行业税费支持政策的公告》等政策全面保障文化产业顺利渡过疫情并实现可持续发展。北京市政策出台之后，各区也纷纷出台了支持文创企业应对新冠肺炎疫情的相关措施。这些政策出台速度之快，涉及范围之广，对于文创企业尤其是小微企业渡过疫情难关具有至关重要的影响。

第一节 后疫情时代文化创意产业发展趋势
——以朝阳区为例

作为北京市朝阳区新经济增长点和支柱产业的文化创意产业，应当如何将疫情的影响降到最低，文创企业应当如何突围，成为朝阳区政府和文创企业共同面临的重要问题。为此，课题组从朝阳区文创产业的评价结果入手，寻找文创产业发展的突破口，从而提出文创企业的突围之路。

一、朝阳区文化创意产业发展再认识

近年来，朝阳区文化创意产业迅速崛起，已成为朝阳区经济转型升级和高质量发展的支柱产业。根据朝阳区"十三五"规划纲要实施情况的中期评估报告，2017 年朝阳区文化创意产业财政收入占到全区的 24.1%。截至 2018 年底，朝阳区登记注册的文化企业已达 8.4 万家，其中文化类上市企业 195 家（含新三板），文化类总部企业 222 家。[①] 在北京市确定的首批 33 家文化创意产业园区中，朝阳区有 10 家，占总数的近 1/3，居各区之首。

尽管朝阳区文化创意产业取得了显著成绩，但其包含的九大行业[②]发展并不均衡，软件和信息技术服务、文化传媒、广告会展等创新程度高、科技含量高、附加值高的行业优势明显，行业发展迅速，释放出强劲的活力，但文化艺术服务、设计服务及艺术品生产与销售服务等行业相对发展滞后。笔者曾在《北京市朝阳区文化创意产业评价与发展路径研究》一文中，根据朝阳区的区域发展定位，综合考虑文化创意产业特点，构建了朝

---

① 向勇、唐璐璐．新冠肺炎疫情对我国文化产业的影响及政策建议．光明网，2020 - 07 - 20．
② 朝阳区文化创意产业主要包括九大行业，分别为软件和信息技术服务、广告和会展服务、文化休闲娱乐服务、文化用品设备生产销售及其他辅助服务、新闻出版及发行服务、广播电视电影服务、艺术品生产与销售服务、文化艺术服务以及设计服务。

阳区文化创意产业竞争力评价指标体系，从资产总额、利润总额、文化产业增加值占全区生产总值增加值的比重和全区平均每人所占有的文创产业的增加值的数量上以及主营业务收入等八个可能影响朝阳区经济发展水平的变量中提取了经济效益因子和行业规模因子，计算出朝阳区文化创意产业所属九个领域的综合评分，评价结果如表7-1所示。

表7-1 文创产业所属9个领域的因子得分和综合得分

行业分类	经济效益因子	行业规模因子	综合评分	综合排名
软件和信息技术服务	2.4509	0.5382	1.8874	1
广告和会展服务	0.5014	−0.0739	0.6255	2
文化用品设备生产销售及其他辅助	−0.0101	−0.8018	0.2944	3
文化休闲娱乐服务	−0.2521	−0.559	0.1377	4
广播电视电影服务	−0.2551	−0.6679	0.1358	5
新闻出版及发行服务	−0.3809	−0.6976	0.0544	6
文化艺术服务	−0.5285	−0.8697	−0.0412	7
设计服务	−0.6517	1.8459	−0.1209	8
艺术品生产与销售服务	−0.874	1.2857	−0.2648	9

从表7-1可以看出，软件和信息技术服务在九大行业发展中居于首位，经济效益最好，行业规模居于第三，属于朝阳区文创产业中的支柱产业。然而，朝阳区文创产业仍然缺少以科技创新、软件和信息技术为代表的新兴动力，即便是排名第一的软件和信息技术服务业，与海淀区相比还相差甚远。2017年，海淀区规模以上文化创意产业单位数量2 820家，占北京市文创产业的31.5%，略高于朝阳区的29%。海淀区规模以上文化创意产业收入合计、利润总额、资产总额及从业人员占北京市文创产业的比重均超过40%，而朝阳区占比都在20%左右。其中海淀区软件和信息技术服务行业更是居主导地位，单位数量和收入分别以65.6%和71.9%的产业占比稳居各行业之首，而朝阳区软件和信息技术服务行业收入及单

位数量占比仅为28.5%和21.8%，如图7-1、图7-2所示。由此可以看出，海淀区文化科技融合发展已成为海淀的比较优势，是海淀区创新发展的新动力，而朝阳区的软件和信息技术服务业以及文化创意产业还有很大的提升空间。

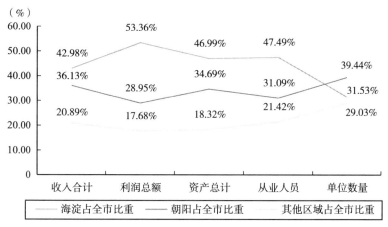

图7-1　2017年海淀、朝阳区文化创意产业主要经济指标占全市比重比较

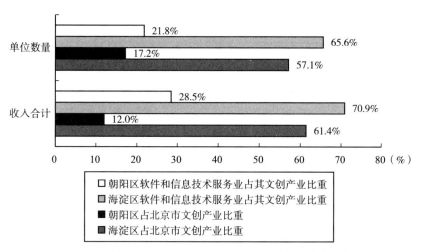

图7-2　2017年朝阳区和海淀区软件和信息技术服务业占比情况

■二、新冠肺炎疫情倒逼朝阳区软件和信息技术服务业与其他文创产业加速融合发展

2019 年，在我国经济向高质量发展转型的背景下，作为数字经济之擎的软件和信息技术服务业，产业规模保持较快增长，整体呈现平稳向好发展态势。信息技术服务同比增长 18.4%，增速比全行业平均水平高 3 个百分点，占全行业收入的 59.3%。其中，电子商务平台技术服务收入同比增长 28.1%；云服务、大数据服务同比增长 17.6%。软件和信息技术服务业已成为推动数字经济发展、产业结构升级的重要力量。

疫情期间，很多线下行业备受打击，企业纷纷转战线上，14 亿人口宅家的生活方式使得在线行业的需求井喷，促使在线行业高速发展，尤其是在线教育、在家办公、在线直播、在线医疗等行业，而这些行业的快速发展均离不开音视频直播技术的应用。

在教育部"停课不停学"的政策下，线上教育机构纷纷推出免费直播课程，线下教育培训机构开发线上课程。而大中小学基本都通过直播形式开展教学，与学生在线互动。根据清华大学第一周的教学数据，全校雨课堂开课 4 012 场次，总时长 216 885 小时；腾讯会议 5 228 场次，总时长 126 116 小时；ZOOM 1 298 场次，总时长 46 221 小时；会场 97 场次，上课师生 3 072 人次，总时长 5 617 小时。在企业复工以来，远程办公也成为诸多企业的主要办公形式。2 月以来，阿里钉钉、企业微信、头条飞书、腾讯会议以及 ZOOM 的使用量激增。据声网 Agora 公布的数据，其远程办公行业客户的使用分钟数峰值在疫情期间和以往相比增长了 10 倍。

在娱乐方面，根据格兰研究数据，快手、抖音等短视频已经成为人们获取信息的主要来源，是除长视频外大众娱乐生活中的重要补充。疫情期间，很多娱乐企业针对消费者的需求偏好纷纷开展线上活动。字节跳动通过《囧妈》开辟了电影放映的新渠道，并通过抢占春节流量，积攒了用户口碑。摩登天空在 B 站直播了第一场"宅草莓不是音乐节"，吸引在线观

看人数最高时达到 27 万人。VFine Music 唯帆音悦随后也开展了"宅在家不如一起嗨"的线上音乐直播。根据 QuestMobile 统计，B 站在 2020 年春节期间，每日人均用户时长达到 111 分钟，同比上升 11.1%，在各主流视频平台当中位居第一；B 站的 DAU 同比上升 13.3%。此外，B 站旗下另一款 App——哔哩哔哩漫画的 DAU 也出现了飙升。与此同时，北京知名夜店 ONE THIRD 在抖音直播的"云蹦迪"活动，在三天内收到打赏332.36 万元，直播首日收看人数就已破百万。随后"云蹦迪"活动在 B 站、抖音、快手、唱吧、花椒直播和淘宝直播等平台流行开来。不仅是云蹦迪，"云 K 歌""云健身"等方式也流行起来，成为疫情期间人们的主要社交方式。一些综艺节目开始通过"云海选""云录制""云配音"等方式恢复内容制作，芒果 TV 自制原创声音互动陪伴真人秀《朋友请听好》于 2 月 19 日正式开播，以"声音互动"＋"真人秀"的全新形式关照社会现实，豆瓣开分高达 9.4 分。而影视行业也通过线上粉丝见面会，提前为其影视作品宣传造势。

在公共文化活动方面，受疫情影响，各地景区、博物馆、音乐厅纷纷关闭，大型文化娱乐活动纷纷取消。仅北京市春节期间就取消各类营业性演出 5 392 场，同时关闭了 372 个市区文化馆、图书馆、街道乡镇综合文化中心，以及 6 457 个社区村文化室和 183 家博物馆等。虽然线下的文艺场所不能开放，但文化和旅游部迅速调集整合数字文化资源，推出在线博物馆、在线图书馆、在线剧场等公共服务产品，集中提供"国家博物馆360 虚拟参观""国图公开课""故宫数字文物库"等一系列在线公共文化服务内容，以及《谷文昌》《柳青》《天路》等一批优秀舞台艺术精品。全国各地博物馆也积极响应，迅速推出线上 3D 博物馆，"云观展"成为疫情期间的新潮流。很多剧院也纷纷推出"云剧院"。据有关调查显示，疫情期间网络游戏、网络视频、数字音乐、网络教育、知识付费、有声读物等新兴业态用户规模都实现较快增长。"文化＋互联网"领域实现收入同比增长 22.1%，占文化产业收入比重达到 43.8%，对拉动经济增长起到了重要作用。

以上在线直播和在线活动的快速发展，均离不开实时音视频技术的大力支持。疫情期间,阿里钉钉通过连续在阿里云上扩容十几万台云服务器,平稳度过了流量高峰。定位于全球实时音视频云服务商的声网,基于自主研发的 RTC 技术、强大的技术架构、充足的资源准备以及应对各种突发的预案和举措,成功应对流量洪峰。疫情期间,北京交响乐团精心策划并组织全团艺术家们演绎了一首献给武汉白衣天使们的特别作品《爱的致意》。演奏者和视频制作者提到:音乐录制过程中存在很多技术上的困难,之后的制作和合成更是有很多想象不到的难处。由此可见,技术成熟度成为影响线上行业发展和体验感提高的重要因素。

疫情过后,虽然一部分消费者会重新回归线下,但线上产业一定会对人们的生活方式、工作方式乃至社会文化产生深刻的影响,而 5G 时代的到来更会加速这一变革。与此同时,随着数字技术日益成熟,大数据产业与云计算、人工智能、区块链等新一代信息技术加速融合创新,大数据与特定行业应用场景结合度日益深化,应用成熟度和商业化程度将持续升级。这都意味着未来软件和信息技术服务业与其他产业融合发展的速度将继续加快。而对朝阳区而言,需要进一步加大软件和信息技术服务业的发展,并积极推动与其他文化创意产业的深度融合,推进"新文创"的加速发展。

三、朝阳区政府:构建文创与科技产业融合发展的生态圈,推进"新文创"加速发展

(一)北京市和朝阳区政府迅速出台扶持政策,助力文创企业渡过疫情难关

为加速文化企业的恢复发展,北京市和朝阳区均快速出台了若干扶持政策,以此减轻疫情对企业的影响,帮助文化企业攻克难关,如表 7-2 所示。此外,朝阳区还安排了 1.5 亿元文化产业专项引导资金,用以及时面向社会公开征集项目,通过贷款贴息、担保补贴、奖励等方式,为文化企业发展提供政策支持。这些政策出台速度之快,涉及范围之广,对于文

化创意企业尤其是小微企业①渡过疫情难关具有至关重要的影响。

表 7 - 2　　　　　北京市和朝阳区疫情期间出台的主要政策

政策出台时间	政策出台主体	政策名称	政策主要内容
2020 年2 月 19 日	北京市	《关于应对新冠肺炎疫情影响促进文化企业健康发展的若干措施》	从聚合力、促精品、育动能、强支持和优服务 5 个部分 28 条措施全面保障文化产业顺利渡过疫情并实现可持续发展
2020 年3 月 8 日	北京市	《关于做好北京市阶段性减免企业社会保险费工作的通知》	阶段性减免企业基本养老保险、失业保险和工商保险单位缴费部分，其中大型企业，民办非企业单位、社会团体等各类社会组织减半征收，中小微企业全部免征
2020 年2 月 10 日	北京市朝阳区	《关于支持企业应对新型冠状病毒感染的肺炎疫情稳定发展的若干措施》	从加大资金扶持力度、降低企业经营成本、强化金融支持、保障企业正常运营、支持企业参与防疫科技创新和服务保障、精心精准做好企业服务六个方面帮助企业共渡难关，并且出台为文创园区和企业"双减负"的政策

（二）长短期结合，加快政策落地速度，建立长效机制，促进"新文创"加速发展

疫情中政府出台的政策快、全、准，但由于中小企业的资金链一般只够维持 3 个月，所以朝阳区还必须在短期内简化审批程序，加快政策落地速度；长期建立促进文创企业发展的长效机制，实现"新文创"突破发展。

1. 从短期来看，要加快中小微文创企业帮扶政策的落地速度

短期内，政府一方面加大对小微文创企业的融资支持力度，另一方面要简化审批程序，提高融资服务效率。第一，鼓励金融机构适当下调利率

---

①　清华大学朱武祥教授等对中国 995 家中小企业的调查问卷显示：中小企业的现金流状况非常紧张，34% 的企业账上现金只能维持 1 个月，而 85.01% 的企业现金流最多只能维持 3 个月。

和相关费率，对文化创意企业提供差异化的金融服务，并加强运用技术手段，通过智能金融、移动金融、线上服务方式提升金融服务安全性、便捷性和可得性。第二，鼓励融资担保公司适度降低文创企业融资担保费率，小额贷款公司适度降低贷款利率，进一步降低综合融资成本。第三，创新文化金融扶持产品，积极推动运用供应链金融、商业保理、应收账款抵质押、知识产权质押等融资方式扩大对中小企业的融资供给。协调银行、保险机构开放信贷、保险理赔绿色通道。第四，加大中小微企业防疫应急续贷基金专项信托计划对文化创业企业的支持力度，为受疫情影响较大的中小微文化创意企业发放应急续贷信用类周转贷款。

在提高融资服务效率方面，朝阳区可通过微信公众号"朝阳助力成长"在做好"信息中心""疫情专栏"和"平台服务"的基础上，开通网上文化企业相关政策解读、投融资服务、移动金融对接服务平台，并进一步发挥朝阳区中小微企业金融综合服务平台作用，鼓励更多银行机构入驻平台，创新更多针对文创企业的融资渠道，并进一步简化审批程序，增加需求征集与反馈栏目，切实掌握小微文创企业的紧急需求，搭建金融机构与文创企业的沟通渠道，提高金融服务需求与金融供给的匹配度和转化率。

此外，在疫情期间，作为文化创意企业聚集区的主体，文化创意产业园区也要主动作为，调整园区公共服务机制，为园区入驻企业提供更加灵活的应急服务，例如，可视园区企业复工情况推行到岗员工共享的灵活机制，并加大为企业提供疫情政策的线上咨询服务等。

2. 从长期来看，要建立起推动文创产业融合发展的长效机制

长期来看，文创产业政策在做好基础扶持后，更要放眼未来，以文创产业园区为抓手，构建文创产业融合发展的生态圈，建立融资服务长效机制，推进"新文创"加速发展。新冠肺炎疫情凸显了新兴数字文化创意产业在线消费的优势，将进一步加速新文创的发展。"新文创"是一项系统工程，通过对更广泛的主体进行连接，利用 VR、AR、大数据等科技手段，推动文化价值和产业价值的互相赋能，实现更高效的数字文化生产与IP 构建。如今，单凭文创企业的个体发展已难以适应文创产业快速融合发

展的形势（根据《面向高质量的发展：2017～2018年度 IP 评价报告》，互联网已经成为中国 IP 和国家文化符号建设的重要舞台，参与 IP 创建最多的腾讯等前五名企业全部来自互联网领域），而文化创意产业园区作为文化创意产业的集聚区，对于促进产业的融合发展具有先天优势。2019年朝阳区文化创意产业园区共计195个，几乎占北京市的一半，因此朝阳区政府应以文化创意产业园区为抓手，协同园区、企业、金融机构、高校以及科研机构等多个主体，系统运用影视、文学、动漫、音乐、电竞、游戏等创意形态，有效汇集文化资源与科技资源，突破创新主体之间的壁垒，打通线上线下，充分释放创意、技术等创新要素而建立新的共同体，实现更多的社会价值。

（1）着力推动文化产业数字化转型，探索多样化经营。

针对本次疫情出台的救助政策虽然是基于短期考虑，但却预示了未来的改革着力点。尤其是北京市促进文化企业健康发展的政策措施明确提出要推进文化科技融合发展；加快推进智慧园区建设，充分利用5G、大数据等新技术，提升园区科学管理水平。加快推动新业态融合发展。大力促进网络教育、网络游戏、数字音乐、数字出版等新兴业态融合发展，培育新的经济增长点，形成发展新动能。因此，朝阳区要围绕这些新兴业态，将疫情中实施的政策进行评估和完善，尤其是在疫情中切实解决中小微文创企业融资问题的金融政策和公共服务政策，将其制度化和长期化。积极推动排名较靠后的文化艺术服务、设计服务及艺术品生产与销售服务等行业的数字化转型，探索多样化的经营方式。

（2）加强文创园区特色化、生态化发展。

以文化创意产业园区为抓手，突出园区特色，推动一批产业技术创新平台、企业技术创新中心和科技研究机构在文创园区落地生根，并加大与高校或科研机构的战略合作力度，突出文化创意和科技创新的双重驱动作用，推进文化与科技融合发展，形成科技创新资源集聚和文化创意合作的示范基地。同时，进一步发挥"独角兽"企业的科技优势，推动"独角兽"企业与其他文化创意企业以及政府进行连接，实现共生，从而构建文创产业与科技产业融合发展的生态圈，将朝阳区打造成为具有世界影响力的文化创意试验区、国际文化交流窗口区和全国文化中心核心区。

（3）高度重视人才培养，构建文创领军人才高地。

不断落实"人才集聚高地五年行动计划""金凤凰计划""鸿鹄计划"等吸引精英及青年人才政策，扎实做好每年的国际高端商务人才认定和高精尖企业人才奖励专项工作。加快聚集国际顶尖人才，定向引进培育重点行业人才，构建素质优良、结构合理的人才体系。着力改善人才长期居留条件，推动电子城北区国际人才公寓、国际人才交流服务中心、国际医院、国际学校等重点项目建设；积极探索搭建朝阳区高层次人才综合服务平台，整合各类优质服务资源，在交通出行、医疗服务、子女教育等重点领域，为高层次人才提供更加方便快捷的个性化服务，以构建文创领军人才高地，为文化产业输送新鲜血液。

第二节　疫情期间北京市文化企业情况

为深入了解疫情对北京文化企业的影响，以及文化企业对政府支持政策的反应和诉求，课题组于 2020 年 4 月下旬对北京市文化企业开展了调研，共收集到有效问卷 161 份，涵盖文化产业 9 大类的大中小微企业。随着北京疫情防控进入常态化，复工复产进度明显加快，希望通过此次问卷调研，一方面能够切实理解北京文化企业对政策的最急切诉求；另一方面也希望使政府有关部门了解支持政策的实施情况，从而更有利于精准施策，帮助文化企业有效有序复工复产。

一、受访文化企业基本情况

从企业的成立时间看，成立 5 年以上的占 62.7%，10 年以上的达 32.7%（见图 7-3）。

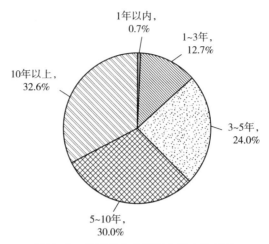

图 7 - 3　被调研企业经营年限占比情况

从经营范围看，文化核心领域的企业占 86.67%，相关领域占 13.33%。在核心领域，文化传播渠道产业的企业最多，达到 32%（见图 7 - 4）。

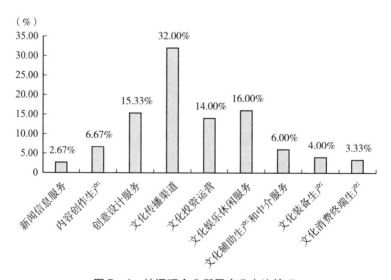

图 7 - 4　被调研企业所属产业占比情况

从经营性质看，民营企业数量最多，占 90%（见图 7 - 5）。

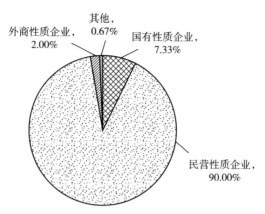

图 7 - 5　被调研企业性质占比情况

　　从企业人员规模看，如图 7 - 6 所示，50 人以下的企业占到 53.34%，超过一半，意味着本次调查的文化企业以小微企业为主。这种特征使文化企业既具有脆弱性，又具备一定的灵活性。

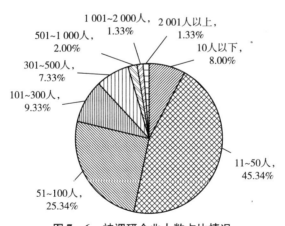

图 7 - 6　被调研企业人数占比情况

　　从企业所在区域看，朝阳区企业占 46%；海淀区企业占 10.66%；东城区企业占 10%（见图 7 - 7）。

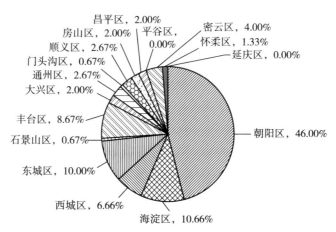

图7-7　被调研企业所在区域情况

在所调研的企业中，有27.33%的企业进驻各种文化产业园区（见图7-8）。如三间房创意生活园区、丰台科技园区、中关村园区、高碑店文化创意产业园区、东亿国际传媒产业园区、c立方青年文创园以及杨宋文创产业园等。

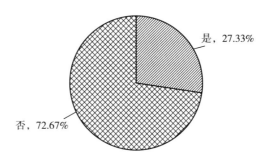

图7-8　被调研企业进驻文化产业园区占比情况

■ 二、受访文化企业经营现状

为深入了解疫情对北京市文化企业的影响，项目组首先对文化企业的经营方式、2019年的营业额以及复工率等经营现状进行了调研。

从营业额来看，年度营业额在2 000万元以下的企业占到80%（见图7-9），再次说明本次调研的文化企业以中小文化企业居多。

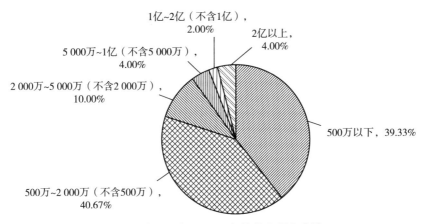

图 7 - 9　被调研企业 2019 年的营业额占比情况

（一）受访企业主要业务依赖线下开展，数字化程度不高

调研发现，线上业务量超过 50% 的企业不到四成，仅有 6.67% 的文化企业线上业务量占比在 80% 以上（见图 7 - 10）。反映出北京文化企业线上商业模式尚未成熟，在疫情面前风险较大。

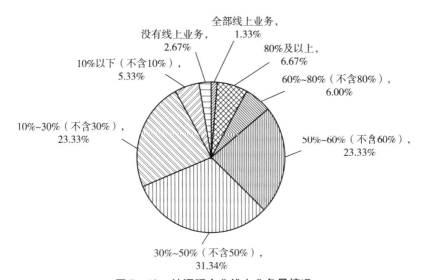

图 7 - 10　被调研企业线上业务量情况

（二）复工率有待进一步提高

截至 2020 年 4 月底，完全复工的企业仅占 2.67%，复工率 60% 以上的企业占 30%。复工率在 50%～60% 区间的企业最多，占 41.33%，另有 2% 的企业完全没有复工（见图 7－11）。可以看出北京文化企业的复工率还有待进一步提高。

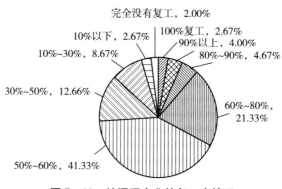

图 7－11　被调研企业的复工率情况

（三）复工方式以远程办公和到岗办公相结合为主

从复工方式看，远程办公和到岗办公相结合的企业占比 51.33%；以远程办公为主和以到岗办公为主的企业相当，各占 20.67% 和 28%（见图 7－12）。

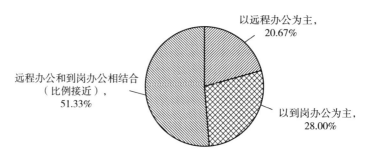

图 7－12　被调研企业复工的主要方式

■ 三、疫情对受访文化企业的影响

（一）近一半企业表示疫情对企业影响比较严重，但最终能够渡过难关

从疫情影响程度看，如图 7－13 所示，3.33% 的受访企业表示影响很严重，有倒闭风险；40.67% 的企业表示影响比较严重，但最终能够渡过难关。同时，个别企业（0.67%）以线上经营为主，业绩大幅增长。

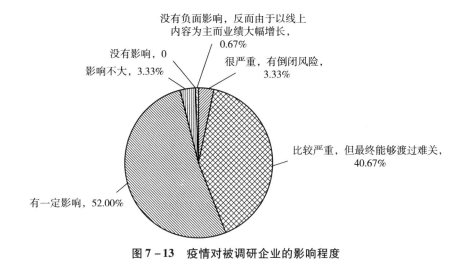

图 7－13　疫情对被调研企业的影响程度

（二）文化传播渠道和文化娱乐休闲服务企业受到的影响更大

从具体行业类型看，文化传播渠道和文化娱乐休闲服务企业受到的影响更大一些（见图 7－14）。根据北京市统计局公布的第一季度北京市规模以上文化产业法人单位收入情况数据，文化传播渠道和文化娱乐休闲服务产业收入同比降低 29.1% 和 32.7%，属于文化产业降幅较大的领域。

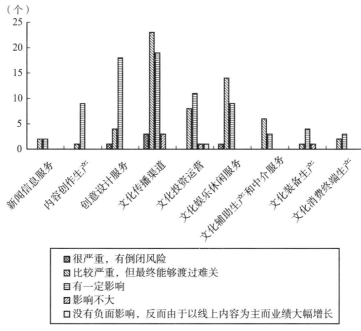

图7-14 不同领域被调研企业受疫情影响程度

从直接经济损失看，企业直接经济损失在100万元以内的企业占六成，超过500万元以上的企业接近一成（见图7-15）。

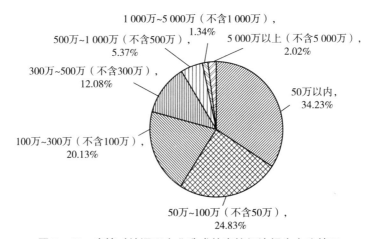

图7-15 疫情对被调研企业造成的直接经济损失占比情况

（三）疫情带来的最大压力是市场需求受到抑制和市场不确定性增加

疫情给文化企业带来的最大压力是市场需求受到抑制和市场不确定性增加。订单合同履行存在困难、对外文化交流贸易的影响、关联产业损失的影响以及工资社保等支持压力大等因素也是疫情造成的压力的主要来源。如图 7－16 所示，企业认为疫情带来的压力因素主要有市场需求受到抑制（59.7%）、市场不确定性增加（47%）、订单合同履行存在困难（28.2%）、关联产业损失（26.8%）、工资社保（20.1%）。由此可以看出，疫情的影响并不主要体现在文化企业收入锐减和现金流等方面，更在于整个市场前景和未来预期模糊不清。

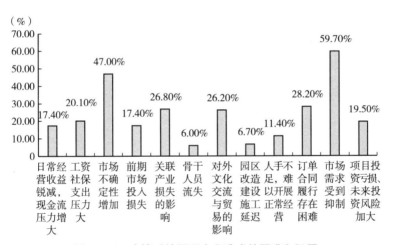

图 7－16　疫情对被调研企业造成的困难和问题

（四）文化企业具备一定的抗风险能力

从受访企业账面资金的流动性来看，39.33% 的企业账面资金可以支撑 3～6 个月；22.67% 的企业账面资金可以支撑 1～3 个月；18% 的企业账面资金可以支撑 6～12 个月；17.33% 的企业账面资金可以支撑一年以上；只有 2.67% 的企业账面资金支撑不到 1 个月。由此可以看出，文化企业相比于其他行业，具备一定的抗风险能力（见图 7－17）。

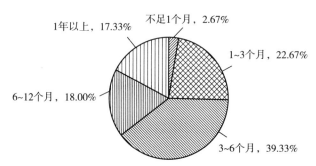

图 7 - 17 被调研企业账面资金可支撑时长的占比情况

（五）控制财务费用和增加线上业务是北京市文化企业应对疫情的最主要方式

疫情发生以来，北京市文化企业虽然面临各种困难，但大多数企业积极行动，开展自救，为减少损失采取了不同的应对措施。其中控制财务费用（55%）和增加线上业务（37%）是北京市文化企业最主要的应对方式，表明北京市文化企业未来将在数字化、智能化以及在线化等方向加速发展（见图 7 - 18）。但也有 21% 的企业采用了裁员方式。

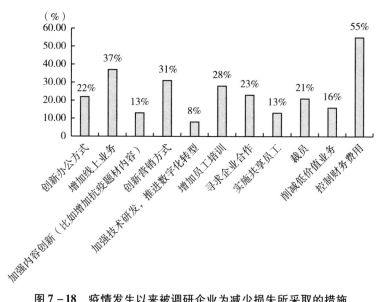

图 7 - 18 疫情发生以来被调研企业为减少损失所采取的措施

四、受访文化企业对支持政策的认识和评价

（一）北京市文化企业对各项扶持政策的了解程度有待提高

为帮助文化企业攻克难关，北京市迅速出台了若干扶持政策，助推文化企业快速恢复发展，并着力推动文化产业高质量发展，打好政策"组合拳"。但从调研结果来看，对政府的支持政策完全了解的企业只有2%，基本了解和有一定了解的占83.67%左右，还有14.67%的企业不太了解（见图7-19）。由此可见，政府出台的扶持政策还需进一步拓展宣传渠道，加强宣传力度。

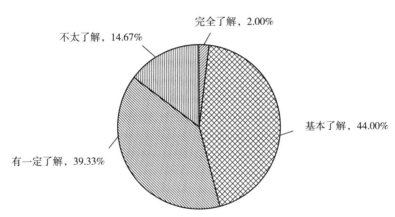

图7-19　被调研企业对各项支持政策的了解情况

（二）绝大多数文化企业认为政府的扶持政策出台及时

对于政府政策的及时性，给予较大认可的企业占84%左右，13.33%的企业认为不太及时；还有2%的企业认为不及时（见图7-20）。

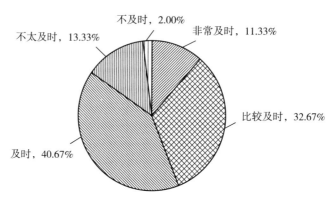

图 7 - 20　被调研企业对政府出台的支持政策及时性的评价

（三）扶持政策的落地速度还有待进一步加强

截至 2020 年 4 月底，只有 9.33% 的企业获得了贷款或者资金补贴方面的支持；69.33% 的企业尚未获得贷款或者资金补贴方面的支持；还有21.33% 的企业正在申请贷款或者补贴（见图 7 - 21）。说明扶持政策的落地速度还有待进一步加速。

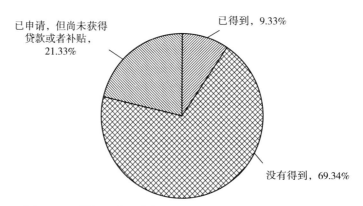

图 7 - 21　被调研企业获得贷款或者资金补贴方面的支持情况

（四）税费和租金的减免对北京市文化企业的帮助最大

在政府出台的各项措施中，税费和租金的减免对文化企业的帮助最大，其次是资金补贴和对产业未来发展的引导，另有14%的企业认为贷款续贷支持的帮助最大（见图7-22）。这与疫情前期对贷款重要性的普遍认识有所不同相关。

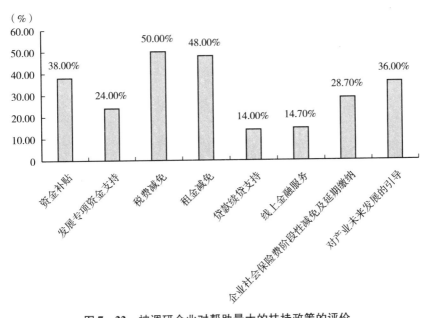

图7-22 被调研企业对帮助最大的扶持政策的评价

（五）文化产业园区对文化企业的服务应进一步多元化

图7-23显示，在所调研的企业中，有27.33%的企业进驻各种文化产业园区。而园区对企业的服务集中在防疫培训（46.3%）和防疫支持与指导，近四成企业没有获得帮助。另有26.8%的企业获得了租金减免，19.5%的企业获得了相关支持政策的整理与传递。还有少量企业获得了疫情期间合同纠纷的法律帮助和整合园区到岗人员等帮助。由此可以看出，园区对文化企业的服务还有待加强，并应进一步多元化。

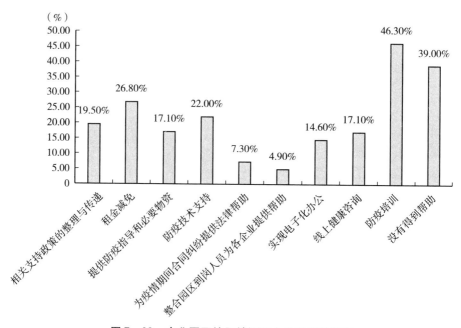

图 7-23　产业园区给予被调研企业的帮助情况

（六）支持政策的申请程序有待进一步简化

虽然34%的企业已经表示在获得政府实质性的支持时不存在问题，但仍有31.3%的文化企业认为申请支持政策时遇到的主要问题是申请程序复杂，其他问题主要是申请门槛高（24%）、材料复杂（20%）、审批时间长（19.3%）等（见图7-24）。因此，政府出台的支持政策要加速落地，其申请程序还有进一步简化的空间。

（七）北京市文化企业最希望得到的帮助是刺激消费市场，加大消费补贴力度

对于企业希望得到的帮助，54%的文化企业希望政府刺激消费市场，加大消费补贴力度。这与企业对疫情造成的主要困难的认识基本一致（见图7-25）。

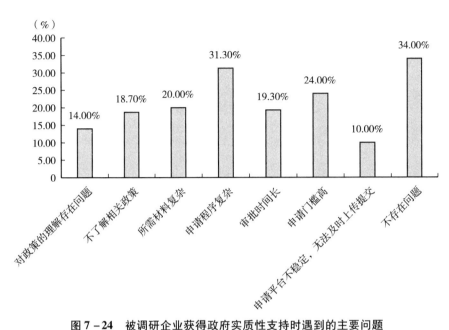

图 7 - 24　被调研企业获得政府实质性支持时遇到的主要问题

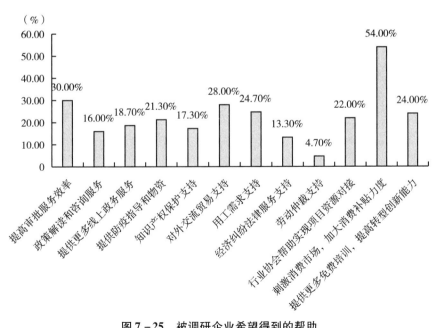

图 7 - 25　被调研企业希望得到的帮助

五、受访文化企业对未来疫情影响的判断

（一）超过四成受访企业认为疫情对企业的影响将于 6 月底结束

31.33% 的企业认为疫情对企业的影响将持续到 6 月底，25.33% 的企业认为将持续到 12 月底，27.33% 的企业认为无法判断（见图 7 - 26）。

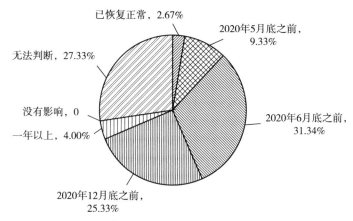

图 7 - 26　被调研企业对疫情对公司的影响的认识

关于疫情对产业的影响，图 7 - 27 显示，24% 的企业认为将持续到 6 月底；34.67% 的企业认为将持续到 12 月底；34% 的企业认为无法判断。

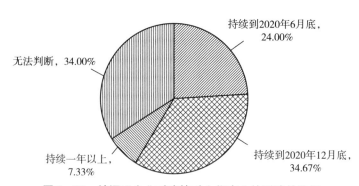

图 7 - 27　被调研企业对疫情对文化产业的影响的认识

（二）一半企业认为 2020 年营收比 2019 年减少 30% 以上

对于 2020 年的营收情况，如图 7－28 所示，一半企业认为 2020 年将比上年减少 30% 以上，其中 19.33% 的企业认为会减少 50% 以上，30.67% 的企业认为会减少 30%～50%。仅 1.34% 的企业认为会持平或有所增加。

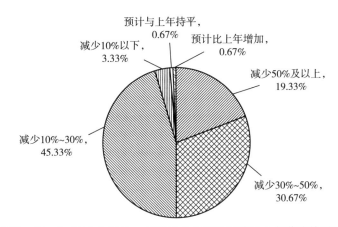

图 7－28　与 2019 年相比，被调研企业预计疫情对全年营收的影响

（三）受访者对未来前景持乐观态度

随着疫情防控形势的逐渐好转和政府支持政策的不断出台，受访企业对于未来前景的信心指数总体比较高。其中，信心最为充足的前三位产业是新闻信息服务、文化装备生产和文化消费终端生产（见图 7－29）。

（四）疫情启示和未来变革

调研过程中在谈到疫情带来的启示时，30.4% 的企业表示要加强现金流和资金链管理；22.3% 的企业表示要进一步开拓线上业务（见图 7－30）。而在谈到未来企业的变革时，则有四成企业表示要多开展线上业务模式（见图 7－31）。因此，文化企业除了依靠政府、协会和社会组织的支持和帮助之外，更需要立足自身，加强企业创新与融合，增强线上业务模式，提高企业数字化转型的速度和质量，在疫情中转"危"为"机"。

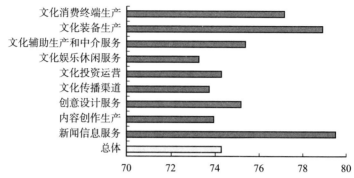

图 7 - 29　不同文化产业企业对未来前景的信心指数

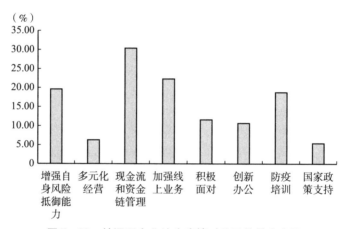

图 7 - 30　被调研企业认为疫情对公司的最大启示

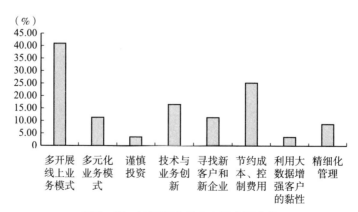

图 7 - 31　被调研企业未来的主要变化

六、调查研究发现

本次问卷调研的数据反映出北京市文化企业具有以下几个特点：

（一）多数文化企业对于疫情的影响保持乐观态度

虽然本次调查以小微民营企业为主，但多数文化企业对于疫情的影响保持乐观的态度，认为疫情造成的损失在可控范围，并相信最终能够渡过难关。而且近八成文化企业的账面资金可以支撑 3 个月以上，表现出较强的抗风险能力。

与此印证的是，根据北京市统计局发布的数据，北京规模以上文化娱乐休闲服务领域收入第一季度降幅为 32.7%，远低于全国 59.1% 的降幅；北京规模以上文化产业法人单位就业人数降低趋势趋缓；与此同时，北京规模以上文化产业细分领域中的信息、创意密集型领域收入增长表现强劲，这彰显出北京文化企业的强劲韧性和创意相关领域的强抗风险性。

（二）文化传播渠道和文化娱乐休闲服务行业的企业受到的影响更大

从具体行业类型看，文化传播渠道和文化娱乐休闲服务行业的企业受到的影响更大。这与北京市第一季度文化产业的数据基本吻合。根据北京市统计局公布的第一季度北京市规模以上文化产业法人单位收入情况数据，文化传播渠道和文化娱乐休闲服务同比降低 29.1% 和 32.7%，属于文化产业降幅较大的领域。

（三）疫情带来的最大压力是市场需求受到抑制和市场不确定性增加

疫情带来的最大压力不是收入锐减和现金流等方面，而是市场需求受到抑制和市场不确定性增加。企业最希望得到的帮助是刺激消费市场，加大消费补贴力度。这也说明，随着疫情防控形势的好转，尤其是北京突发公共卫生事件一级响应机制调整为二级响应机制，因疫情而受到抑制的市场需求将会逐步释放，市场活跃度不断增强，文化企业也将加速恢复。

（四）四成以上企业认为疫情对企业的影响会在 6 月底结束

43.33% 的企业认为疫情影响会止于 6 月底。同时，34.67% 的企业认为疫情对文化产业的影响会持续到年底，对业绩的预测也反映出对于市场的担忧。对于政府来说，如何刺激文化消费，加大消费补贴力度以及增强对文化产业的扶持政策是当下需要考虑的重要问题。

（五）控制财务费用和增加线上业务方式是企业应对疫情的主要方式

为减少疫情带来的损失，企业主要采用了控制财务费用和增加线上业务方式来进行应对。疫情给文化企业带来的不只是负面作用，而且成为许多企业创新、变革的契机，很多传统线下服务领域的企业在积极尝试开展线上业务，优化宣传机制，创新文化供给。

（六）税费和租金的减免对文化企业的帮助最大

在政府出台的各项措施中，税费和租金的减免对文化企业的帮助最大，其次是资金补贴和对产业未来发展的引导。可以看出，由于文化产业较多依赖于智力投入、创意劳动和无形资产，多数企业已通过创新营销方式、控制财务费用、调整项目内容和工作方式等措施来减轻损失，后期对于企业而言更重要的是税费等负担的减轻。

（七）支持政策的申请程序有待进一步简化

31.3% 的文化企业认为申请支持政策时遇到的主要问题是申请程序复杂，其次是申请门槛高、材料复杂、审批时间长等问题。因此，政府出台的支持政策要加速落地，其申请程序还有进一步简化的空间。

第三节　后疫情时代推动北京市
文化产业发展对策建议

■ 一、企业层面

尽管政府在政策方面不断强化支持，但文创产业融合发展的根本还在于企业创新与融合。经此一疫，文创企业要加深对当前产业发展形势的认识，回归商业初心，加快数字化转型，并加强营销创新。

（一）疫情期间，尽可能降低成本

文创企业尤其是中小微文创企业在疫情期间要尽可能降低成本。由于文创产业的高附加值、高知识密度和高创新性，文创企业更有条件进行远程办公。目前，朝阳区文化产业园区复工率超过80%，到岗率30%，呈现出复工率高、到岗率低的特点。在此期间，企业要简化流程，削减行政开支，加强财务管理，并对一些价值低的业务做减法，以增加企业的现金流。

（二）回归商业初心，将用户看作"生活者"，创造用户需求

商业的本质是"提供生活方案"，生活的永续发展才是商业持续的根本原因，本次疫情将会加速商业本质的回归。习近平总书记在2014年10月主持召开文艺工作座谈会时的重要讲话中指出，"一部好的作品，应该是经得起人民评价、专家评价、市场检验的作品，应该是把社会效益放在首位，同时也应该是社会效益和经济效益相统一的作品。"单霁翔也曾表示：文创产品，一方面要深入研究生活，人们生活需要什么就研发什么；另一方面要深入挖掘文化资源，把文化资源提炼出来和生活对接，人们才会喜欢。在体验经济时代，消费者在市场中的选择力量越来越强大，已不

再是被动的选择者，而是提出要求的主动选择者，对企业创新发展不断提出要求。因此，文创企业要注重回归文创产品的本质，将用户看作"生活者"而不是"消费者"，增进对用户的认识，注重文化价值，将技术更好地服务于客户，将战略诉求着力于创造顾客需求，为生活提供智慧解决方案。

（三）加快数字化转型

文创企业要加快数字化转型，以"新文创"的思维来重构文创内容生态。根据《中国数字文化产业发展趋势研究报告》，2017 年，数字文化产业增加值约为 1.03 万亿~1.19 万亿元，总产值约为 2.85 万亿~3.26 万亿元。而本次疫情进一步推动了线上新兴数字文化产业的加速发展。因此，文创企业一要利用大数据、人工智能、云计算等数字技术，创新更多的线上交流场景，营造新体验，提高客户参与度，开拓新的商业模式，不断满足并创造顾客的需求，让数字技术更好地连接现实生活，形成线上线下相结合的联动效应。二要充分利用数字技术建立数字平台、优化业务流程、管理流程和决策流程，降低运营成本，提高企业运营效率。三要加大与互联网企业的合作，构建线上线下相融合的生态圈。由于很少有企业能够在自己内部找到所需的全部要素（专业知识、知识产权、客户触达等），因此在许多行业中，数字化战略越来越等同于生态系统战略。根据波士顿咨询公司的研究，83% 的数字生态系统拥有超过三个行业的合作伙伴，53% 的数字系统拥有超过五个行业的合作伙伴。所以文创企业要加大与科技型企业的合作，使文化借助科技得到更广泛、更深层的传播，同时也使科技增加文化的底蕴。① 四要充分利用现代信息技术手段，构建数字学习平台，加快建设共享化、网络式、互动性学习型组织，加强员工培训，为

---

① 阿里巴巴于 2020 年 2 月 10 日发布《告商家书》，推出六大举措支持和鼓励全国，特别是湖北等疫情较重地区的中小企业发展，其中包括减免平台商家经营费用，提供免息低息贷款，开放灵活就业岗位，补贴快递物流，提供数字化服务，支持远程办公等，帮助商家应对暂时的困难，打赢疫情中的经济仗。疫情中切实困难的中小文创企业可以借助阿里巴巴提供的平台推进数字化的发展。

企业长远发展提供人力资源支撑。

（四）加强营销创新，利用大数据进行精准营销，吸引用户参与价值共创

德鲁克说："企业只有两个基本职能，营销和创新"，而"营销是一门真正创造顾客价值的艺术。"本次疫情中，很多企业通过创新营销方式获得了一定的现金流，从而帮助自己平稳渡过疫情。"当时照相馆"推出"待到山花烂漫时"预售促销活动，通过刺激低峰期的蓄客预约，提前圈定高峰期客流。小龙坎火锅则设计了"云吃火锅"的游戏，通过让用户线上的云组局活动，激发用户未来更多的"报复性消费"。还有些企业通过员工直播的方式增加了产品的销售量。当前，携程也启动了"旅游复兴 V 计划"，联合百余旅游目的地，万家品牌共同投入 10 亿元复苏基金，通过"旅游产品预售""开放旅游复苏指数大数据平台""云旅游"等方式促进旅游消费，以此振兴新冠肺炎疫情后的旅游经济。

文创企业由于其产品的特殊性，亟须利用大数据挖掘潜在顾客，并注重与已有顾客建立联系和互动，推动精准营销；为客户参与提供机会，吸引有潜质的客户成为自己的内容生产者，共同创造服务产品及其市场。以朝阳区朗园 Vintage 为例，在实体运营方面，朗园 Vintage 通过文化创新提升园区的文化氛围和创意氛围，以文化品牌活动构筑高端文化场景，成为城市更新领域有名的老厂房改文创园运营的样板，但在线上运营和精准营销方面还有待提高。朗园 Vintage 在互联网上的主页以租房信息为主，微信传播主要是通过嵌入首创朗园的公众号中进行宣传，但公众号中文章的更新不够及时，各文创企业也缺乏与顾客的互动，尤其是缺乏对那些喜欢朗园 Vintage 的顾客提供差异化服务。[①] 因此，不论文创园区还是文创企业，都应当重视线上渠道的建立，构建数字化客户平台，一方面可以为客户提供高品质在线服务，提升客户满意度；另一方面，可以通过在线的客户互动，吸引更多的客户参与文化产品生产过程中，实现价值共创，最大

---

① 在首创朗园公众号中，只有园区内的索尼音乐娱乐于 3 月 6 日发布了抗疫公益歌曲《爱从未离开》MV，并发起了#抗疫歌曲·翻拍大赛#活动。

化发挥客户价值，还可以积累客户大数据，实现精准定位潜在顾客，多维度了解用户需求。利用大数据做好会员数据分析和会员画像，为不同层次的会员提供差异化服务和消费体验，加强精准化营销，不断提高顾客的回头率、忠诚度以及活跃度。[①]

■ 二、政府层面

针对北京市文化企业的特点，要进一步减轻新冠肺炎疫情对企业发展的影响，除了企业的自救措施，政府还应从以下几方面精准施策：

（一）多措并举提振文化消费信心

北京文化企业最希望得到的帮助是刺激消费市场，加大消费补贴力度。因此，重建消费者消费信心、激活补偿性消费对文化产业恢复发展至关重要。但由于消费者时间和经济有限，再加上国际疫情形势依然严峻，不利于出国游和对外文化交流，公众整体文化旅游消费预计在2020年末乃至2021年初才能有明显回升。但随着北京市疫情形势的好转，"五一"小长假已显示出消费市场迅速回暖的状况，因此，政府还应出台各种措施共同促进文化消费市场快速复苏。

首先，加大文化消费补贴扶持力度。2020年5月2日北京市启动发放了总额5000万元的惠民文化消费电子券，并针对线上文化消费逐渐流行的新趋势，拓展了线上文化产品和服务，适时推出网络阅读、网络视听、在线课程、文化电商等产品。疫情防控形势进一步好转后，政府还可调整专项资金的扶持方向，对影视、演艺以及博物馆等受疫情影响严重的行业进行重点扶持，让市民在享受购票补贴的同时，使剧院、影院以及博物馆切实获得补贴。

其次，可适当增加小长假时长，刺激文化旅游消费。2020年的五一小

---

① 疫情期间，携程、各航空公司以及酒店等企业纷纷发布会员保级和延长期限信息，以此维护老顾客，提高顾客忠诚度。

长假通过调休由 3 天延长到 5 天，也是疫情防控形势好转后的第一个小长假，市民的出游和消费热情高涨，有效刺激了文旅市场消费。后续的端午节及其他节日也可通过调休的方式延长假日时长，进一步释放公众的消费潜能。同时要加强文化旅游消费场所的安全防护措施，构建更加安全的文化旅游消费环境，并借助重大节庆赛事举办惠民消费季，提振市场信心，释放消费潜力。

最后，加大政府采购力度。政府可根据疫情情况，增加政府购买服务品种，充分发掘数字化服务和产品的需求与市场；扩大社会承接主体范围，构建提供主体多元化、服务产品多样化的政府购买模式，营造浓厚的文化氛围，为公众提供更多优质、便捷的公共文化产品。

（二）加快建设数字政府，进一步推进扶持政策的落地速度

企业对政策的了解程度不够和政策申请程序不够简化是影响扶持政策落地的主要因素，因此，政府应进一步拓展扶持政策宣传渠道，加强宣传力度，简化申请程序，加快扶持政策的落地速度。而数字政府的推进是加快政策落地的重要举措。数字政府是一项系统性和整体性的改革，是要通过数据智能技术打通政务数据，促进政府各部门的数字化、智能化转型，积极拓展政务服务事项的"网上办、掌上办、指尖办"，提高政府公共服务的智慧性、主动性和精准性。此外，政府还可通过微信公众号、微博等媒体和电子政务平台开通网上文化企业相关政策解读、投融资服务、移动金融对接服务平台，拓展政策宣传渠道，并增加需求征集与反馈栏目，切实掌握小微文化企业的紧急需求，搭建金融机构与文创企业的沟通渠道，提高金融服务需求与金融供给的匹配度和转化率。

（三）有效实施减税降费，降低文化企业生产经营成本

在政府出台的各项措施中，税费和租金的减免对文化企业的帮助最大，如《北京市人民政府办公厅关于应对新型冠状病毒感染的肺炎疫情影响促进中小微企业持续健康发展的若干措施》和《进一步支持中小微企业应对疫情影响保持平稳发展若干措施》出台后，引发强烈响应。这些政策

极大程度地缓解了中小微文化企业的压力，后期还可继续实施针对文化企业的减税降费政策，改变目前以"增值税专用发票"进项销项抵扣机制的增值税征收机制，将企业成本支出按一定比率计算进项税并实施抵扣。减免2020年上半年文化企业的企业所得税、房产税等各种应缴纳税，加大增值税优惠扶持力度，减免或降低疫情过后各项应缴税税率，降低文化企业生产经营成本。

（四）增强文化产业园区的公共服务功能

文化产业园区是政府主导下的文化产业发展的重要抓手，它不只是物理空间的简单聚集，更应是一个生态平台。对内要帮助园区内企业实现资源共享和有效嫁接，营造良好的产业发展生态；对外要紧跟行业发展动向，形成优质文化产业集聚，助推社会经济发展。

在思想上，文化产业园区要实现从"房东"思维向"运营"思维的转变，以为公众提供美好的文化生活为根本，对园区进行全方位运营探索，让文艺创作和文化接触方式更加创新和多元化，并努力为政府和企业搭建桥梁。疫情期间，园区应适时调整增加公共服务机制，为园区入驻企业提供更加灵活的应急服务。疫情之后的文化产业园区，应是全面以大数据指导下精准运营的数字化园区，用数据管理和服务企业、提供平台服务、实现共创共享、推动转型，从而实现企业间相互赋能。

此外，文化产业园区还应加大与高校或科研机构的战略合作力度，突出文化创意和科技创新的双重驱动作用，推进文化与科技融合发展，形成科技创新资源集聚和文化创意合作的示范基地。同时，进一步发挥"独角兽"企业的科技优势，推动"独角兽"企业与其他文化创意企业以及政府进行连接，实现共生，从而构建文创产业与科技产业融合发展的生态圈。

参 考 文 献

[1] 白瑞亮. 文化创意产业集聚区组织种群生态研究——以北京798艺术区为例 [D]. 北京交通大学, 2018.

[2] 曹华. 对 NX 文化创意产业园运营管理的评价及改进对策研究 [D]. 西安理工大学, 2018.

[3] 曹如中, 高长春, 曹桂红. 创意产业创新生态系统演化机理研究 [J]. 科技进步与对策, 2010, 27 (21): 81 - 85.

[4] 曹如中, 史健勇, 郭华, 邱羚. 区域创意产业创新生态系统演进研究: 动因、模型与功能划分 [J]. 经济地理, 2015, 35 (2): 107 - 113.

[5] 陈娴颖. 中国文化产业园区治理模式研究 [M]. 北京: 社会科学文献出版社, 2016.

[6] 樊纪相, 高翠. 曲阜文化产业园发展战略初探 [J]. 现代经济信息, 2008 (6): 136 - 137.

[7] 冯根尧. 中国文化创意产业园区: 集聚效应与发展战略 [M]. 北京: 经济科学出版社, 2016.

[8] 宫良. 文化产业, 经济新增长点——青岛文化产业发展总体规模持续扩大 [J]. 走向世界, 2017 (37): 10 - 13.

[9] 郭珍珠. 北京市文化创意产业园区发展现状与趋势分析 [J]. 现代营销 (经营版), 2019 (3): 34 - 35.

[10] 胡鹏林, 刘德道. 文化创意产业的起源、内涵与外延 [J]. 济南大学学报 (社会科学版), 2018, 28 (2): 123 - 131, 160.

[11] 江远涛. 商业生态圈 [M]. 北京: 当代世界出版社, 2016.

［12］蒋园园，杨秀云，李敏. 中国文化创意产业政策效果及其区域异质性［J］. 管理学刊，2019，32（5）：9－19.

［13］康兰艺. 成都市文化创意产业园区的空间布局特征及影响因素研究［D］. 华东师范大学，2018.

［14］李怀亮，葛欣航. 美国文化全球扩张和渗透背景下的百老汇［J］. 红旗文稿，2016（13）：34－37.

［15］李琳琳. 文化产业园融合发展路径研究——以郑州惠济文化创意产业园为例［J］. 行政事业资产与财务，2019（10）：27－28.

［16］李万，常静，王敏杰，朱学彦，金爱民. 创新3.0与创新生态系统［J］. 科学学研究，2014，32（12）：1761－1770.

［17］李向民，王晨等著. 文化产业管理概论［M］. 太原：书海出版社2006，7－8。

［18］李晓南，秦博，余晓松. 不同商业文化背景下文化创意产业竞争能力的比较研究——以香港、上海和成都为例［J］. 商场现代化，2016（28）：229－232.

［19］厉无畏. 创意产业导论［M］. 上海：学林出版社，2006.

［20］厉无畏，王如忠，缪勇. 培育与发展上海的创意产业［J］. 上海经济，2004（S1）：67－72.

［21］李雨函. 中国文化创意产业发展的政策研究［J］. 市场周刊（理论研究），2017（1）：35－37.

［22］刘洁，陈建斌. 疫情之下北京"新文创"发展提速，在线消费将成新趋势［N］. 中国经营报，2020－3－30（B19）.

［23］刘维公. 为什么我们需要创意文化园区？——创意文化园区是强心针？还是打错针？［J］. 典藏今艺术，2003，（129）：102－105.

［24］刘文沛. 上海文化创意产业园区研究［J］. 公共艺术，2012（5）：6－17.

［25］刘学文. 中国文化创意产业园可持续设计研究［D］. 东北师范大学，2015.

［26］刘学文，王铁军，鲍枫. 文化创意产业发展现状及对策探析

[J]．云南民族大学学报（哲学社会科学版），2013，30（6）：20－23.

[27] 吕一博，韩少杰，苏敬勤，王淑娟．大学驱动型开放式创新生态系统的构建研究 [J]．管理评论，2017，29（4）：68－82.

[28] 吕一博，蓝清，韩少杰．开放式创新生态系统的成长基因——基于 iOS、Android 和 Symbian 的多案例研究 [J]．中国工业经济，2015（5）：148－160.

[29] 梅亮，陈劲，刘洋．创新生态系统：源起、知识演进和理论框架 [J]．科学学研究，2014，32（12）：1771－1780.

[30] 牛维麟．国际文化创意产业园区发展研究报告 [M]．北京：中国人民大学出版社，2007：4－5.

[31] 潘松挺，杨大鹏．企业生态圈战略选择与生态优势构建 [J]．科技进步与对策，2017，34（21）：80－87.

[32] 钱敏杰．上海文化创意产业园区的发展探讨 [D]．华东师范大学，2009.

[33] 邵培仁，杨丽萍．中国文化创意产业集群及园区发展现状与问题 [J]．中国媒体发展研究报告，2010（00）：248－257.

[34] 石博，田红娜．基于生态位态势的家电制造业绿色工艺创新路径选择研究 [J]．管理评论，2018，30（2）：83－93.

[35] 宋晓明，黄鹏，刘文红．区域文化创意产业市场分类、发展模式与对策 [J]．中国科技论坛，2017（8）：52－58.

[36] 孙佳，范胜华．创新驱动理念下武汉市文化创意产业发展研究 [J]．歌海，2017（5）：18－24，34.

[37] 孙金云，李涛．创业生态圈研究：基于共演理论和组织生态理论的视角 [J]．外国经济与管理，2016，38（12）：32－45.

[38] 王金灵．郑州文化创意产业园区融资问题研究 [D]．郑州大学，2010.

[39] 王立军．我国文化创意产业政策比较及启示 [J]．杭州科技，2018（4）：54－59.

[40] 王千．互联网企业平台生态圈及其金融生态圈研究——基于共

同价值的视角［J］. 国际金融研究，2014（11）：76 – 86.

［41］王伟楠，吴欣桐，梅亮. 创新生态系统：一个情境视角的系统性评述［J］. 科研管理，2019（9）：25 – 36.

［42］王伟年，张平宇. 创意产业与城市再生［J］. 城市规划学刊，2006（2）：22 – 27.

［43］吴开嶂. 杭州文化创意产业园区发展模式研究［D］. 浙江工商大学，2012.

［44］向勇，刘静. 中国文化创意产业园区实践与观察［M］. 北京：红旗出版社，2012：12 – 13.

［45］肖红军. 共享价值、商业生态圈与企业竞争范式转变［J］. 改革，2015（7）：129 – 141.

［46］肖艳，孟剑. 大数据视域下文化创意产业集群化发展研究［J］. 福建论坛（人文社会科学版），2017（12）：76 – 81.

［47］许晖，张海军. 生态圈的协同创新［J］. 清华管理评论，2014（11）：56 – 60.

［48］徐君，任腾飞. 区域中心城市创新生态圈要素架构、生态特征与运行机制［J］. 科技进步与对策，2019，36（18）：43 – 50.

［49］杨永忠，黄舒怡，林明华. 创意产业集聚区的形成路径与演化机理［J］. 中国工业经济，2011（8）：128 – 138.

［50］叶晶. 我国文化创意产业发展政策分析——以杭州市为例［D］. 南昌大学，2013.

［51］银勃旸. 文化创意产业发展问题及解决对策研究［J］. 现代营销（下旬刊），2020（1）：140 – 141.

［52］于超，朱瑾. 企业主导逻辑下创新生态圈的演化跃迁及其机理研究——以东阿阿胶集团为例的探索性案例研究［J］. 管理评论，2018，30（12）：285 – 300.

［53］俞剑光. 文化创意产业区与城市空间互动发展研究［D］. 天津大学，2013.

［54］曾国屏，苟尤钊，刘磊. 从"创新系统"到"创新生态系统"

［J］. 科学学研究，2013，31（1）：4 - 12.

［55］湛泳，唐世一. 自主创新生态圈要素构架及运行机制研究 ［J］. 科技进步与对策，2018，35（2）：26 - 31.

［56］张彬彬，刘洁，姜丰. 北京市朝阳区文化创意产业评价与发展路径研究 ［J］. 中国软科学，2019 年增刊.

［57］张世君. 北京市文化创意产业政策的法制化问题 ［J］. 新视野，2014（5）：94 - 97.

［58］张书. 我国文化创意产业园区的发展现状及存在问题 ［J］. 河海大学学报（哲学社会科学版），2011，13（2）：81 - 83，93.

［59］张晓菲. 武汉市文化创意产业园区发展研究 ［D］. 中共湖北省委党校，2016.

［60］郑耀宗. 上海文化创意产业园区发展现状研究 ［J］. 上海经济，2015（Z1）：21 - 26.

［61］智颖. 上海中广产业园：国家创意产业园区的引领者——走访上海中广国际广告创意产业园 ［J］. 中国广告，2020（1）：18 - 20.

［62］周全. 生态位视角下企业创新生态圈形成机理研究 ［J］. 科学管理研究，2019，37（3）：119 - 122.

［63］Adner R. Ecosystem as structure：An actionable construct for strategy ［J］. Journal of Management，2017，43（1）：39 - 58.

［64］BENGT - AKEELUNDVALL. Product innovation and userproducer interaction ［EB/OL］. https：//www. researchgate. net/publication/251542478 - Product - Innovation-and - UserProducer - Interaction，1985.

［65］F Moore. Predators and Prey：a New Ecology of Competition ［J］. Harvard Business Review，1993，71（3）：75.